Fabienne Mockenhaupt

Der Kompassorden

Surfen, Freundschaft und Mee(h)r

Copyright: © 2016: Fabienne und Andreas Mockenhaupt
Verlag: tredition GmbH, Hamburg

Printed in Germany

978-3-7345-4880-2 (Paperback)
978-3-7345-4881-9 (Hardcover)
978-3-7345-4882-6 (e-Book)

Bibliografische Information der Deutschen Nationalbibliothek:
Die Deutsche Nationalbibliothek verzeichnet diese Publikation in der Deutschen Nationalbibliografie; detaillierte bibliografische Daten sind im Internet über http://dnb.d-nb.de abrufbar.

Vorwort

Die Autorin Fabienne schrieb diesen Roman im Alter von dreizehn Jahren.

Seit Fabienne schreiben konnte, verfasste sie Bücher und wollte, ihrem Großvater nacheifernd, diese veröffentlichen.

Fabienne war äußerlich ein wildes und extrovertiertes Mädchen. Sie war um Ausgleich bemüht und galt im Freundeskreis und bei ihren Lehrern als gute Streitschlichterin.

Schriftstellerin wollte sie werden oder, wegen der Unwägbarkeit des Erfolgs, zumindest Richterin. Oder erfolgreiche Surferin.

Wasser war ihr Element, Surfen ihr großer Traum. Seit einem Urlaub an der französischen Atlantikküste schwärmte sie vom Surfen und einem Leben an einer rauen Küste. Tatsächlich auf dem Brett gestanden hat sie leider nie. Denn gleichzeitig hatte sie Angst vor Haien, Quallen sowie steilen Klippen.

Andererseits war sie eine mutige Rettungsschwimmerin beim DLRG. Mehrfach nahm sie an Wettkämpfen teil, u.a. an den Baden Württembergischen Landesmeisterschaften.

Was sie nicht mochte war Unehrlichkeit, ... und das verkürzte Gymnasium. Beides half nicht „wirklich" die Menschen glücklich zu machen, fand sie.

Im Sommer 2013 stellte sie diesen, ihren ersten umfassenden Roman fertig. Die Datei war aber kurz darauf unlesbar, das Werk schien verloren. Sie begann die Erzählung erneut, stellte diese aber nicht mehr fertig. Es gelang aber später, die alte Datei wieder herzustellen.

Im Herbst 2015 verstarb unsere Tochter Fabienne plötzlich.

Unserem Versprechen folgend möchten wir ihren Teenager-Roman, wenn nun auch leider posthum, publizieren. Die erste Idee war, beide Teile, den Vollständigen aus 2013 und das Fragment aus 2015, ineinander zu integrieren. Da die beiden Teile aber geringfügig unterschiedlich sind und sich auch eine Entwicklung der Autorin wiederspiegelt, haben wir uns entschieden, die Teile einzeln darzustellen.

Die Handlung und die darin vorkommenden Personen sind fiktiv.

Gerne beantworten wir Fragen unter fabienne.mockenhaupt@t-online.de

Andreas Mockenhaupt im Sommer 2016

Grundlegende Handlung (Rahmenhandlung, wie die Autorin sie sieht):
Cémie verliebt sich immer mehr in Andy, der auch Interesse an ihr findet.
Doch die Clique steht ihnen im Weg. Cémie versucht sich in der Clique
beliebt zu machen. Doch als sie ihre Angst, sich beim Klippen springen
zu verletzen, nicht überwinden kann und wird sie von der Mädchengang
ausgeschlossen. Bis sie etwas findet, was die Situation von Grund auf
ändert.

Prolog

„Dunkle, kalte, schwarze Nacht, die über das Rauschen des Wellengangs wacht. Strömende Neugier wie ein wildes Tier, bis zu spät dran gedacht. Reue kommt spät, die Lügen ausgesät, die Wahrheit versteckt, wird in dieser Nacht entdeckt."

Plötzlich wachte ich auf. Ich schaute mich um, und als ich bemerkte, dass ich in meinem Bett lag und nur geträumt hatte, ging es mir schon gleich viel besser. Ich schüttelte den Kopf. In letzter Zeit passierte es öfters, dass ich so etwas träumte. Doch ich machte mir keine Gedanken darüber, es war nur ein Traum gewesen.

Stattdessen schaute ich auf die Uhr, es war halb sieben. Viel zu früh um aufzustehen für einen Samstag. Doch schlafen konnte ich nun auch nicht mehr. Ich setzte mich in den Schneidersitz und schaute hinunter auf meinen Teppichboden, der alles andere als aufgeräumt war. Haufenweise Klamotten und Koffer lagen herum. Da fiel es mir wieder ein, dass ich heute ja wegfahren würde. Ein ganzes halbes Jahr ohne Eltern an einen schönen Strand zum Surfen und Zelten und zwar nach Hawaii.

Keiner meiner Freundinnen wollte mitkommen, weil sie sechs Monate für zu viel fanden. Aber mir machte das nichts aus. Zu Hause sein konnte ich doch eh noch lang genug, und außerdem würde ich mich hier doch eh nur langweilen. Mein Flug flog bereits in ein paar Stunden ab, da musste ich mich aber beeilen.

Schnell kniete ich mich auf den Boden und packte meinen Koffer weiter ein. Dann rannte ich rüber ins Badezimmer und schmiss mich unter die Dusche. Wenn man es eilig hat, geht das auch ziemlich schnell, genau wie jetzt bei mir. Zehn Minuten später war ich damit beschäftigt, mein widerspenstiges, langes, hellblondes Haar geföhnt zu bekommen. Das war gar nicht so einfach, da meine Haare sich schon von selber verknoteten. Wenn ich sie föhnte, glichen sie dann eher einem zerrupften Vogelnest! Als ich endlich mit dieser Prozedur fertig war, machte ich mir noch ein bisschen Maskara um meine hellbraunen Augen und steckte ihn gleich in eine Seitentasche des Koffers, genauso wie meine Zahnbürste, die ich vorher noch benutzte, und meinen Kamm. Damit war das Einpacken fertig und ich spurtete in die Küche, um mir noch schnell ein Toast zu machen.

„Da bist du ja endlich", hörte ich meinen Vater hinter seiner aufgeschlagenen Zeitung murmeln. „Ja, ich habe meinen Wecker gestern nicht eingeschalten", sagte ich beiläufig, während ich den Toaster anstarrte. „Genau dann, wenn du pünktlich zum Flieger musst?", fragte meine Mutter, die mit einer Tasse dampfendem Kaffee zum Tisch kam und daran schlürfte. Ich rollte mit den Augen. Was war so schlimm daran, ich war doch noch rechtzeitig fertig geworden. Ich brachte mein Toast zum Tisch und beschmierte es schnell mit Butter und ging damit in mein Zimmer.

„Ohne etwas drauf?", rief meine Mutter mir noch hinter her. „Wieso, ist doch Butter drauf", rief ich zurück und schloss meine Tür hinter mir.

1. Eiskalter Wind vom Meer

Weißt du, wie es ist, etwas sein Leben lang schon zu machen? Und dann auf einmal sich bis ganz an die Spitze zu kämpfen, um einer der besten zu sein? Dann geht es dir genauso, wie es mir damals ging. Mein zu Hause war im Westen Frankreichs, direkt am Atlantik, doch meine Eltern sind Engländer, also sprach ich nicht nur französisch, sondern auch englisch. Von klein auf war das Surfbrett meine Inspiration, so wie für die anderen Mädchen es Barbies oder Babyborns waren. Ich brachte mir das Surfen hauptsächlich selber bei. Aber ein Profi war ich dadurch nicht. Ich konnte keine außergewöhnlichen Tricks oder Stands, doch das sollte sich bald ändern.

Meine Eltern hatten mich für ein halbes Jahr in ein Surf-Ferienlager angemeldet. Von dem Tag an trainierte ich noch härter als zuvor. Eigentlich hatte ich keine Ahnung vom Surfen. Das Ferienlager war auf Hawaii, also ziemlich weit weg von zu Hause. Vor der Abreise sagten meine Eltern noch, ich solle immer ich selbst bleiben und nicht aufgeben. Ich könnte jeder Zeit nach Hause kommen. Aber ich wusste, dass ich nicht früher nach Hause kommen würde. Ich war überzeugt davon, dass ich es genießen würde.

Als ich mit dem Flugzeug landete, wartete bereits ein Bus auf mich. Er fuhr direkt zum Ferienlager an der Küste. Mit mir stiegen noch drei andere in den Bus. Zwei Jungs und ein Mädchen. Die zwei Jungs waren vermutlich Zwillinge. Sie hatten die gleichen braunen Augen, doch der eine hatte längere, braune Haare, als der andere. Das Mädchen hatte auch braune Haare und genauso dunkle Haut wie die zwei Jungs. Dunkle Augenbrauen, aber schöne lange Locken. Sie setzte sich eine Reihe hinter mich, während die Jungs sich nach ganz hinten setzten. Ich drehte mich lächelnd zu ihr um. „Und gehst du auch zu dem Surflager?", fragte ich sie. „ Ja. Meine Brüder auch. Darf ich vorstellen, die zwei Trottel heißen Justin und Till. Zwei echte Luser! Hi, ich bin Rica"; sie reichte mir die Hand. „Cémie", antwortete ich und schlug in ihre Hand ein.

„Man bin ich nervös, sind die Surfer dort gut?" versuchte ich eine Unterhaltung zu starten. „Hmm ziemlich. Bist du schon einmal eine Tube geritten?" meinte Rica.

Ich hatte keine Ahnung. "Was ist eine Tube?"

"Du weißt nicht was eine Tube ist? Wie lange surfst du schon?" fragte Rica verdutzt.

Ich gestand: „Weißt du eigentlich surfe ich nicht richtig, zu Hause habe ich mir selber bei gebracht auf einem Brett zu stehen. Das ist aber auch alles!"

"Oh, ok. Eine Tube ist, wenn du praktisch in dem Wellentunnel bist und versuchen musst wieder herauszukommen. Die Königin des Surfens, wenn du mich fragst. Auch sonst schlägt sie nichts. Ich wünschte, ich würde mal eine Tube reiten!"

"Wie lange surfst du schon?" fragte ich neugierig. "Seit ich acht bin. Wir sind ein paarmal umgezogen. Als wir ans Meer zogen und ich meine erste Welle ritt wollte ich nie wieder umziehen."

Rica konnte es wahrscheinlich gar nicht erwarten anzukommen, doch ich bekam Bedenken. Was wenn alle viel besser sind als ich? Wenn ich praktisch die einzige bin, die keine coolen Tricks kann, was dann?

Der Bus fuhr von der geteerten Straße ab auf einen sandigen Schotterweg zwischen Sanddünen. Vor uns lag ein weißer Strand, mit großen Palmen und kristallklaren Wasser. Einige Zelte waren aufgeschlagen. Viele Jungs und Mädchen in meinem Alter waren dort. Sie liefen mit schweren Koffern und Taschen herum und ließen sich von einem jungen blonden Mann den Weg zu ihren Zelten zeigen. Links war eine große Hütte daneben ein Lagerfeuerplatz und ein Schuppen mit Surfboards in allen Größen, Breiten und Farben. Der Bus hielt an. Justin und Till stürmten gleich heraus und nahmen ihre Koffer mit. Rica stürmte auch schon gleich raus, mit ihrem prallgefülltem Koffer. Ich nahm meinen Rucksack und folgte ihnen auch aus dem Bus. „Danke!", rief ich dem Busfahrer zu, doch er verschloss die Bustüren und wendete.

„Und wen haben wir hier?", fragte der junge Mann." Cémie Commiller!"
„Commiller, wo haben wir sie denn, ach da ganz unten. Dein Zelt ist das Dritte da drüben!"

„Danke!", rief ich ihm noch entgegen. Ich lief zu meinem Zelt. Vor der Tür war eine Liste auf dem drei Namen standen: Vitray Helleson, Rica Miller, Cémie Commiller. Da tauchte Rica neben mir auf: „ Wir sind in einem Zelt, Cémie!", schrie sie begeistert. - „Ja man echt krass. Wer ist diese Vitray?"

„Vitray? Die ist da drüben. Zusammen mit ihrer Gang. Wouve, Andy und Eilen." Vitray hatte einen extrem lockigen, hellroten Wuschelkopf, lange Beine mit starken Muskeln bepackt. Vom Surfen vermutete ich. Wouve hatte blonde, lange Haare, Andy und Eilen braune. Nur Andy hatte kürzere und hellere. Alle drei hatten ein ordentlich angedeutetes Sixpack. „Komm endlich rein. Die lernst du noch später kennen"; Rica hatte bereits die Zelttür geöffnet und ihren Koffer auf eines der Feldbetten gestellt. Auf dem anderen lagen schon drei andere Taschen, mit rosa, weißem und schwarzem Leder. Das waren Vitrays Taschen. Sie hatten schon ein paar ihrer Sachen ausgepackt. Ihre Bettwäsche, schwarz mit roten Kätzchen darauf und ein kurzes Nachthemdchen, trägerlos mit weitem Ausschnitt. Ein ganzer Schminkkoffer mit allen möglichen Lidschatten, haufenweise Kajalstifte und Wimperntusche in allen Größen. Sie hatte bestimmt zehn verschiedene Lippenstifte dabei! „Wow, dass nenne ich mal eine Discotussi!", meinte ich. Sie hatte fünf paar Schuhe dabei und alle waren sie High Heels. Haufenweise enges Zeugs, bauchfrei, trägerlos, viel zu tiefer Ausschnitt. Bestimmt fünf Zentimeter lange Ohrringe, richtige Klunker waren das, Modeschmuck wie Ketten und Bettelarmbänder. Fast alles mit Neonfarben. „ Ach die macht sich immer so auf. Wenn ich dir einen Tipp geben darf, ich würde nicht so viel mit ihr machen. Das ist so eine richtige Zicke. Ich frag mich wie man so übertrieben überhaupt sein kann! Die meisten wollen doch immer nett sein!", antwortete Rica. „Warum muss die nur in unserem Zimmer sein!", ich hatte mir so sehr gewünscht, dass keine Zicken in mein Zimmer kommen müssten. Oder in mein Zelt eher gesagt. Da hörten wir Stimmen vor dem Zelt und der quietschende Reißverschluss öffnete sich. Nichts als rote Locken stolperten herein. „Ach, Rica! Das freut mich aber dass du wieder dabei bist. Vielleicht schaffst du diesmal einen ordentlichen Snap. Und die, die ist dann wohl deine neue Freundin!", Vitray musterte mich skeptisch, „ Cémie war es oder?" „CÉmie nicht CemIE! Die Betonung vorne:" „Oh man! Was bist du nur für eine Strebertante!", Vitray drehte an einer ihrer Locken und schlüpfte wieder aus dem Zelt. „Mach dir nichts draus. Die ist immer so. Ich würde es auch gar nicht mit ihr probieren.

Glaub mir, sie hat immer etwas, was du falsch machst", Rica verdrehte die Augen und streckte ihren Mittelfinger Richtung Zelttür, „die hat mich schon letztes Jahr genervt. Vielleicht kriegst du ja dieses Jahr einen ordentlichen Snap hin, bla bla bla!" Während Rica sich weiterhin aufregte packte ich meine Sachen aus. Meine Bettwäsche war weiß mit bunten Blumen. Und ich hatte einen Schlafanzug, der auch weiß war. Meine Klamotten waren zwar stylisch und auf dem Stand der allerneusten Mode, aber bauchfrei und trägerlos waren sie nicht. Ich hatte auch etwas Schminke dabei. Einen sehr schwachen Eyeliner und eine Wimperntusche hatte ich auch, aber ich benutze es fast nie. Ich kramte meine Bürste aus und kämmte meine goldblonden, glatten Haare ein bisschen durch. Ja ich hatte lange blonde Haare wie Barbie aber keine so schöne blaue Augen. Meine Augen waren hellbraun mit einem Stich ins Grüne.

Rica musterte mich. Dann sagte sie: "Hast du schon deinen Bikini an?"; und grinste." Mach ich jetzt", antwortete ich. Rica und ich zogen uns schnell um, denn wir wollten im Meer schwimmen gehen. Zusammen rannten wir über den Strand mitten ins Meer. Es war nicht kalt, eher erfrischend. Rica begann mich nass zu spritzen. Als ich weit genug drinnen war tauchte ich und packte ihre Beine. Rica schrie laut und als sie merkte, dass ich es war musste sie lachen. Sie tauchte nach mir und ich schwamm davon. „Oh nein rettet mich, das Beißerchen ist hinter mir her!", schrie ich laut und Rica bekam Krämpfe vor Lachen. Sie ließ sich ins Wasser plumpsen. „ Hier kommen noch zwei riesen Beißerchen!", riefen Justin und Till. Sie spritzten uns nass und wir sie zurück." Na wartet!" „Cémie auf drei!" „Eins! Zwei! Drei!" rief mir Rica zu und zusammen stürzten wir uns auf die Jungs. Die jedoch begannen uns auszukitzeln. „ Ok, ok, Waffenstillstand, ich kriege sonst keine Luft mehr" rief ich völlig außer Atem. Die anderen vielen vor Lachen um! „ Rica, wartet auf uns, wir helfen euch", riefen drei Mädchen die nun auch ins Wasser kamen. "Emma, Lilly, Bell!" „Ihr seit es!" „Los kommt schon!", rief Rica den Mädchen entgegen.

Emma war sehr groß. Sie hatte fast weiße Haare, die ihr bis zu den Nieren gingen. Lilly war sehr klein und hatte dunkelbraune, lustige Zöpfe. Sie schien noch sehr jung zu sein. Ich schätze sie auf neun Jahre. Bell war bestimmt schon über achtzehn. Sie sah Lilly sehr ähnlich. Vermutlich Schwestern. Sie hatte nämlich die gleichen dunkelbraunen Haare in einem Stufenschnitt. Alle waren sie schon braungebrannt von der Sonne. Sie waren bestimmt schon länger hier oder wohnten in der Nähe. „Hey Leute. Hammer geil das ihr da seid. Ich hab euch so vermisst!" Rica umarmte alle nacheinander. „ Wir dich auch, Rica du fehlst uns in Nordamerika!", sagte Emma traurig. „ Hey, dass ist meine neue Zeltmitbewohnerin. Cémie dass sind Emma, Lilly und Bell!", stellte sie mir die drei vor. Ich lächelte sie an. „ Hey freut mich dich zu treffen! Du bist das erste Mal hier, stimmt es? Also es wird dir ganz sicher gefallen, vor allem weil wir so einen super süßen Surftrainer haben!", Rica schrie vor Freude. „Ja, Cham, der ist echt so heiß, warte bist du ihn siehst", stimmte Bell zu. „Apropos Surfen, sollen wir?", fragte Rica in die Runde, „keine Sorge, Cémie, wir bringen dir schon was bei!" „Ach so du surfst noch nicht so lange. Ach das macht nichts. Wir bringen dir den Turn bei, der ist ganz leicht. Und der Threesixty, der ist zwar etwas schwerer, aber das bekommst du mit Sicherheit hin!", rief Emma. Sie, Bell und Lilly liefen schon vor aus dem Wasser zu der großen Hütte mit dem kleinen Schuppen. Ich zögerte: "Und ihr seit sicher, dass ich das kann?" „Ja klar, das ist echt easy. Das ist eigentlich das erste, was Surfer lernen. Und wenn und das drauf hast, gehen wir zum Snap und zum Arial. Wenn du das drauf hast bist du schon ein Spitzen Surfer. Dann könntest du sogar Wettkämpfe mitmachen!" Ich hatte keine Ahnung was die Mädchen mit diesen Namen meinten. Aber es würde bestimmt viel Spaß machen, da war ich mir sicher. Surfen war für mich immer schon so etwas wie fliegen gewesen. Man war so schnell und frei! Ich konnte es kaum erwarten richtig surfen zu können! Rica und ich liefen auch aus dem Wasser.

Till und Justin waren schon längst zu dem Schuppen gelaufen. Beim Schuppen waren allerhand Boards. Till und Justin hatten sich ein blaues und ein grünes geholt. Emma holte sich ein großes weißes, Lilly ein rosafarbenes Anfängerboard und Bell ein hellblaues Profiboard. Rica und ich nahmen uns Boards aus dem mittleren Bereich. Ich eins mit Delphinen und Rica eins mit bunten Kreisen. Und los ging es.

Wir rannten ins Meer und legten uns auf die Boards. Dann paddelten wir nach draußen und hielten Ausschau nach Wellen. "Ich würde sagen Cémie, du fängst an, dann sehen wir wie weit du bist!", rief Emma zu und die anderen Nickten lächelnd. Ich nickte zu. Da sah ich eine Welle heran rollen. Ich paddelte zu ihr hin und als ich in der Mitte war, stand ich auf mein Board und surfte entlang der Welle. Es war ein unglaubliches Gefühl! Die anderen Mädels jubelten mir zu. Ich surfte zurück zu ihnen. „Wow, also für den Anfang bist du echt verdammt gut. Also fangen wir mit dem Turn an. Der ist super easy. Also du fährst einfach bis zu Lip. Lip ist die Schaumkrone der Wellen. Und vom Lip fährst du sozusagen in Schlangenlinien wieder herunter zum Bottom der Welle, dass ist alles. Los probiere es mal!", rief Bell und lächelte. Erneut schwamm ich auf eine etwas größere Welle zu. Diesmal stand ich erst auf dem Lip auf mein Board. Es fühlte sich sehr wackelig an, doch ich hielt die Balance. Dann bretterte ich die Welle herunter und fuhr kleine Kurven. Wieder jubelten alle. Ich kam zu ihnen zurück. „Das war der Wahnsinn! Einfach Hammer!", rief ich begeistert. „Wir sagten doch, dass das leicht ist. Okay, jetzt kommt

Threesixty! Das ist eigentlich das gleiche nur umgekehrt. Also du stehst am Bottom schon auf und surfst die Welle hoch. Du musst aber dein Brett schräg halten, sonst funktioniert es nicht!", meinte Rica. Ich drehte mich um und wartete auf eine Welle. Diesmal kam keine so schnell. Als ich eine sah, paddelte ich direkt zu ihr hin. Als ich am Bottom aufstehen wollte verlor ich fast das Gleichgewicht. Ich versuchte mein Board schräg zu stellen, doch ich schaffte es nicht. Die Wasserströmungen waren zu stark. „Versuch es mit dem Fuß zu Seite zu schieben!", rief Emma. Ich befolgte ihren Rat und bekam es gerade so hin. Es war etwas schwieriger die Welle nach oben zu fahren, doch ich hatte so etwas ähnliches schon einmal zu Hause ausprobiert, von dem her wusste ich ungefähr, wie das ging. Als ich an der Lip ankam spritze mir Gischt, auch Weißwasser genannt, ins Gesicht. In einem Turn fuhr ich wieder herunter zu den Mädchen. „Wouuuuuuuuu, jeeeeay!", jubelten sie alle. "Wow, du hast es echt drauf", rief Rica. „ Du bist ein Naturtalent", meinte Emma. "Meinen Respekt", sagte Bell. „Danke, danke. Ihr könnt aber auch sehr gut erklären!", rief ich. „Ok, wenn du das alles so gut kannst, lass uns surfen!", entgegnete Emma.

Bell schoss direkt los auf eine Welle, Lilly, Emma und Rica folgten ihr. Bell stellte sich auf ihr Board und rief: "Hey Cémie, dass ist ein Snap!" Sie fuhr schräg zum Lip und drehte eine extrem schnelle 90° Wendung auf der Lip und surfte wieder nach unten. Es sah unheimlich schwer aus, und das war es auch bestimmt. Dann nahm Bell noch einmal Schwung und fuhr die Welle hoch, dann drückte sie sich ab und hielt ihr Board fest. Sie sprang von der Welle und landete wieder in ihr. „Super Arial, Bell!", rief Emma begeistert und Rica klatsche laut. Bell schien echt ein Profi zu sein. „Cémie, worauf wartest du?", rief Rica mir zu, die gerade auch sich auf ihr Board stellte. Ich paddelte auf eine heranrollende Welle zu und stieg auf ein Board. Erst einen Threesixty und dann einen Turn fuhr ich. Auf dem Lip versuchte ich einen Snap, doch als ich mein Brett ruckartig wenden wollte, wendete sich nur mein Körper und ich viel ins Wasser. Salzwasser kam in meine Lunge und in meine Augen. Ich wartete bis die Welle über mir hinweg rollte, dann schwamm ich an die Oberfläche. Dort kamen alle zu mir hin. "Hey, alles okay?", fragte mich Emma. „ Es geht schon, ich versuch es nochmal!", sagte ich entschlossen und klammerte mich um mein treibendes Board. „Wenn du den Snap richtig machen willst brauchst du viel Sicherheit auf dem Board. Du musst fest draufstehen und den Schwung holst du dir mit den Armen. Geh dabei etwas in die Hocke dann geht es leichter. Und ich gebe dir noch einen Tipp: Wenn das Board sich vorne etwas anhebt ist es leichter", meinte Bell. Ich robbte mich zurück auf mein Board, während die anderen los legten. Als ich erneut auf dem Lip surfte, versuchte ich die Tipps anzuwenden, doch ich verlor das Gleichgewicht, wollte mich an der Boardkante festhalten, doch viel seitlich wieder zurück ins Meer. Als ich wieder auftauchte, saß Rica breitbeinig auf ihrem Board und schaute mich aufheiternd an. „Das war doch schon ein kleiner Schritt nach vorne. Du bist herumgekommen. Alles was du brauchst ist Geduld, du schaffst das!" „Okay"; ich atmete tief ein. Als ich wieder los paddeln wollte, hörte ich eine bekannte Stimme hinter mir. „Hey, Anfänger wie du haben hier draußen nichts verloren! Du schaffst ja noch nicht mal so einen dämlichen Snap! Was machst du überhaupt hier?".

Es war der rothaarige Wuschelkopf Vitray! Sie drehte sich zu Andy, Eilen und Wouve um. "Warum lassen die überhaupt solche Nichtskönner hier rein? Ich mein hier trainiert man für Wettkämpfe!" „Vitray", rief Rica, doch ich unterbrach sie. "Schon gut Rica", dann wendete ich mich an Vitray, "Du konntest bestimmt gleich den Snap, habe ich recht?" „Pff! Ich surfe schon mein ganzes Leben, klar konnte ich ihn direkt, ich hab ihn beim Surfen mit dazu gelernt, der ist ja nicht schwer. Jeder Nichtsurfer bekommt den hin!" „Ach ja, beweise es doch!", rief ich ihr entgegen. "Von mir aus", meinte sie mit einem Schulterzucken und paddelte neben mich. Dann paddelte sie ohne ein Wort einfach los. Ich rief:" Hey!" Doch sie reagierte nicht. Ich versuchte sie zu überholen. Ich tauchte mit meinen Armen tief ein und zog kräftig nach hinten. Fast waren wir auf einer Höhe. Als eine Miniwelle kam, hielt ich mich an den Kanten fest und tauchte unter der Welle hindurch. Über Wasser paddelte ich weiter. Da sah ich eine besonders große Welle heranrollen. Vitray hatte sie scheinbar auch gesehen. Da hörte ich Rica von hinten rufen:" Nein, Cémie tu das nicht. Die ist eine Nummer zu groß für dich, komm her, das hat doch keinen Sinn!" Doch ich hörte nicht auf sie im Gegenteil. Schnell stellte ich mich auf mein Board und fuhr wieder einen Threesixty auf die Lip. Dann stellte ich mein Board schräg und surfte schräg über die Lip ein paar Sekunden und in einem Turn wieder zum Bottom der Welle. Emma und die anderen jubelten laut. Ich sah das Vitray sehr ärgerlich wurde. Sie nahm Tempo, überholte mich und fuhr einen Snap und spritze mir die Gischt in mein Gesicht.

Das reichte. Ich surfte wieder nach oben auf die Welle und versuchte einen Arial. Doch ich schaffte es nicht. Anstatt mit dem Board abzuspringen, sprang nur ich ab, das Surfboard drehte sich unter mir ein paar Mal um die eigene Achse, bis ich wieder darauf landete und zusammen wieder auf der Lip war. Mein Buch kribbelte und mein Herz pochte. Ich konnte nicht glauben, dass ich wirklich wieder gelandet war. Dabei hatte ich das noch nie gemacht. Die Mädchen pfiffen gewaltig. Dann stieß Vitray mich mit der Vorderseite ihres Boards und wollte mich zum Kentern bringen, doch ich konnte mich gerade noch halten.

„Wer zu erst aus der Welle heraus kommt, hat gewonnen, du Schnecke!", rief Vitray und huschte davon. Ich setzte einen Fuß nach vorne und setzte einen Druck auf das Board, damit es schneller fuhr. Unter meinen Füßen ruckelte es. Ich spürte wie ich schneller wurde und wie der Fahrtwind Tränen in meinen Augen verursachte. Doch dafür kam ich immer näher an Vitray heran. Hektisch schaute sie sich um. Sie versuchte schneller zu werden, merkte aber, dass sie so einen Überschlag machen würde. Immer wieder schaute sie von ihrem Board hektisch zu mir. Ich war schon fast direkt parallel zu ihr.

Als ich sie fast überholte, fingen die Mädchen an zu schreien: "Achtung, Cémie, schau nach vorne!" Und als ich nach vorne sah, sah ich einen riesigen Felsen, der aus dem Wasser ragte. Ich konnte gerade noch einen Schlenker machen, doch für Vitray war es zu spät. Ihr Board fuhr mit einem lauten Krachen über den Felsen und blieb in einer Mulde stecken. Vitray schleuderte es im hohen Bogen nach vorne. Sie landete halb im Wasser, doch ihr Kopf schlug auf hartem Felsen auf.

Alle bekamen einen Schock. Sofort paddelten sie zu Vitray., Wouve war der erste. „Vitray, alles in Ordnung?", rief er. „Ja ja, es geht schon. Mir ist nur leicht schwindelig", erwiderte sie. Alle atmeten auf. Vitray versuchte aufzustehen und Wouve stütze sie. Vitray fasste sich an die Stirn. „ Ich hab krass Kopfweh", murmelte sie.

„Eilen, hohle zur Sicherheit Cham und Andy und hilf mir sie auf ihr Board zu tragen" sagte Wouve besorgt. Andy lief über den Felsen und holte ihr Board, dass immer noch fast senkrecht in der Mulde steckte. Er schleppte es vor Vitray ins Wasser. Dann hoben sie gemeinsam Vitray hoch und legten sie auf das Board.

Ich zitterte am ganzen Leib. Es war meine Schuld, ging es mir durch den Kopf. Ich hätte sie nicht herausfordern sollen. Wouve und Andy schoben das Board gemeinsam Richtung Strand. Andy drehte sich noch um: "Tut mir echt leid Mädels. Könntet ihr unsere Bretter mitnehmen?" „Das machen wir", sagte Rica. „Ist doch klaro, passt nur gut auf sie auf ja?"; fragte Emma. „Klar, wir halten euch auf dem Laufenden!", antwortete Andy und drehte sich wieder um. Emma hüpfte ins Wasser und holte Wouves Board und legte es auf ihres. Dann stütze sie sich drauf und paddelte auch Richtung Strand. Bell und Rica machten es genauso. Lilly und ich holten auch unsere Boards. „Na komm schon.

Du warst echt super!", sagte Lilly. Ich lächelte sie an. Auch sie paddelte den anderen hinterher. Nur ich blieb noch auf meinem Board sitzen. Wenn Vitray doch etwas passiert ist. Eine Gehirnerschütterung wird vielleicht dabei herauskommen. Eine Beule wird es mindestens. Ja toll, jetzt würde sie mich noch mehr hassen und alle anderen wahrscheinlich auch. Es würden bald alle wissen, das ganze Camp. Sie werden mich wahrscheinlich nach Hause schicken, ohne das wahrscheinlich. Ich kann meine Koffer packen. Am besten fange ich noch heute damit an. Aber erst später. Wenn ich jetzt an den Strand gehe, werden mich alle anglotzen. Es werden ein paar auch auf mich draufgehen, vermutlich. Es war fast Sonnenuntergang. Man konnte sogar die ersten Sterne sehen. Ich wendete mich ab vom Strand und paddelte einfach nur umher. Ich tauchte ein paar Mal unter Wellen her, bis ich eine kleine Insel aus Felsen sah. Ich kletterte auf die Felsen und legte mein Brett neben mich. An einer etwas glatten Stelle legte ich mich hin und schaute in die Sterne, die mittlerweile gut zu erkennen waren. Nur hinter dem Dickicht am Strand sah man noch leichtes Abendrot. Am Strand bereiteten ein paar Jungs das Lagerfeuer vor. Ich wollte nicht hingehen. Auch nicht zu dem Kennenlernzeugs, mich brauchte sowieso niemand kennen zu lernen. Erstens war ich bestimmt schon als die Unfallstifterin bekannt und zweitens würde ich morgen doch sowieso wieder abreisen, was sollte es also? Langsam wurde es kälter. Ich sah immer wieder ein paar Leute über den Strand zum Lagerfeuer gehen. Es würde wohl gleich anfangen. Die hatten es gut, die saßen nun am warmen Feuer, hörten sich alte Stammesgeschichten an, sangen ein paar Lieder zur Gitarre, oder grillten Marshmallows. Aber außer dem Rauschen des Meeres war nichts zu hören. Meine Eltern werden bestimmt wahnsinnig sauer sein. Schließlich hatten sie viel Geld bezahlt, alleine schon für den Flug. Wenn ich zu Hause bin werde ich wohl nie wider surfen. Es würde mich nur an diesen schrecklichen Sommer erinnern. Am besten wäre es, wenn ich alles vergessen würde. Ich würde meinen Eltern irgendetwas erzählen, aber nicht die Wahrheit. Nur was war das Problem?

Während dessen hörte ich schon die ersten Stimmen. Rufende Stimmen. Es war bestimmt Vitray, die ihre Schmerzen nicht aushalten konnte, stellte ich mir vor. Ach, ich wollte gar nicht darüber denken, wie es ihr grade ging und was die anderen sich so erzählten. Ich würde erst mitten in der Nacht wiederkommen, wenn alle fest schliefen. Ich merkte wie ich anfing zu Zittern, es war ziemlich kalt geworden. Ich schaute nicht mehr herüber zum Strand. Ich nahm auch keine Geräusche mehr wahr. Wie viel Stunden war ich wohl schon hier? Zwei bis drei werden sicherlich hinkommen.

Ich dachte daran, wie ich das Erste mal richtig surfen wollte. Damals war ich ungefähr sechs Jahre alt, als ich einen Surfer auf den Wellen surfen sah. Er war eigentlich gar nicht so gut, aber für mich war er der beste, den ich je gesehen hatte. Ich sah was er alles machen konnte und wie er überhaupt keine Angst hatte, dass das Meer ihn gleich verschlingen würde.

Von dem Tag an schien das Meer für mich lebendig, jede Welle war sozusagen ein Angriff gegen die badenden Menschen und die Surfer, die das Meer bezwingen wollten. Doch der Surfer wollte das Meer nicht bezwingen, jede Bewegung der Wellen benutzte er zu seinem Vorteil. Er schien das Meer richtig zu verstehen, seine Gedanken, als wäre er eins mit ihm. Von da an wünschte ich mir ein Surfboard, auch wenn meine Eltern streng dagegen waren. Ich bettelte jeden Tag ein ganzes Jahr lang, bis ich eines bekam. Von da an war ich jeden Tag im Wasser. Als die Schule dazu kam, wurde es weniger, aber meine Leidenschaft habe ich nie verloren.

Ich hätte nie gedacht einmal richtig professional Surfen zu können oder die Chance dafür zu haben. Für mich reichte es einfach nur auf dem Brett zu stehen.

Plötzlich leuchteten mir mehrere weiße Lichter ins Gesicht, Taschenlampen vermutete ich, und ich hörte, wie jemand meinen Namen mehrmals rief. Ich rappelte mich auf. Da sah ich drei Gestalten auf mich zu paddeln.

„Cémie, was machst du noch hier draußen?" „Wir haben dich überall gesucht!" Dann erkannte ich die zwei Stimmen. Es waren Andy und Rica. „Komm schon, alle warten auf dich", sagte die dritte Stimme. Es war Cham. Sie kletterten den Felsen hoch. Rica nahm mich in den Arm und Andy hockte sich auch neben mich. Cham holte mein Brett. "Ich kann nicht zurück zum Strand, ich bin Schuld, dass Vitray was weiß ich hat!", meinte ich. „Vitray geht es sehr gut, sie kann schon wieder tanzen. Außerdem war es ein Unfall, keiner kann was dafür! Nicht einmal du. Jetzt komm endlich!", meinte Rica. Obwohl ich nicht wollte, kletterte ich den Felsen hinunter und paddelte zusammen mit den anderen doch zurück zum Strand. Das Wasser war wärmer, als die Luft. Es hatte sich noch nicht abgekühlt. Der Wind dagegen, der von den Wellen kam, hatte meine Lippen dunkelblau gefärbt und war eiskalt.

2. Tiefe Dunkelheit

Als wir zurück am Strand waren und unsere Boards aufgeräumt hatten, setzten wir uns zusammen mit den anderen ans Lagerfeuer. Vitray war auch da, sie saß zwischen Wouve und Eilen, neben ihnen noch ein Platz frei für Andy. Emma Bell und Lilly hockten neben zwei anderen Mädchen. Die eine hatte hellbraune Haare und die andere fast schwarzes. Till und Justin saßen auch noch da, neben zwei anderen Jungs. Die waren beide mittelblond. Rica und ich nahmen auf noch zwei freie Stühle platz. Neben uns setzte sich Cham hin. Vor ihm lag eine Gitarre. Rica saß neben Andy.

„So alle zusammen." begann Cham. „Da sind wir endlich! Und freut ihr euch schon auf morgen, da geht's dann endlich richtig los mit dem Surfen! Also, ich will euch zu erst mit ein paar Regeln vertraut machen. Ich weiß die sind nervig, aber die müssen sein. Also Essen gibt es immer von neun bis zehn, Mittagessen um ein Uhr und Abendessen um sieben. Ihr dürft keine Surfbretter einfach so nehmen, da müsst ihr erst jemanden fragen, dass ist wichtig, damit wir wissen, wo ihr seid. Dann die Duschen sind in der großen Hütte, genau wie die Toiletten, Küche, Esszimmer, zwei Gemeinschaftsräume und ein kleiner Pool. Wir haben auch mehrere Waschmaschinen, die sind dann hinter der Tür bei den Toiletten. Wer etwas kaputt macht oder so etwas ähnliches darf es selber wieder besorgen und bekommt eine kleine Strafe. Lasst keine Essensreste liegen, damit es hier auch weiterhin schön sauber bleibt."

Cham holte Luft: „Und ein persönlicher Wunsch mit kein Zickenterror, ja, wenn es etwas gibt, dann redet ganz normal miteinander und hört euch auch gegenseitig zu, okay? Danke Leute, dass war es auch schon. Das ist echt nicht viel, das kann man sich merken."

„Okay, also dann machen wir jetzt eine kleine Runde, jeder sagt ein bisschen etwas über sich, egal was. Ich fang mal an: Also ich bin Cham, ich bin hier jetzt schon acht Jahre insgesamt. Fünf Jahre davon war ich selber Camper. Ich surfe erst seit ich fünfzehn bin, also ein bis zwei Jahre jünger als ihr jetzt seid. Ich bin jetzt fünfundzwanzig Jahre alt, lebe zur Zeit auch auf Hawaii, davor habe ich in Brasilien gelebt. Ich habe drei Brüder und eine Schwester. So und jetzt seit ihr dran!'".

Das Mädchen neben Bell, mit den langen schwarzen Haaren war dran:" Hi, mein Name ist Suma, ich bin sechzehn Jahre alt und lebe zur Zeit in Nordamerika. Ursprünglich komme ich aus Japan. Ich bin mit zehn nach umgezogen und habe einige Surfkurse mitgemacht, aber richtig gesurft bin ich noch nie. Das ist mein erstes Mal. Ich habe sieben Geschwister, zwei davon sind Mädchen", redete sie.

Danach war die Braunhaarige dran:" Hallo, ich heiß Kristina. Ich komme aus Irland. Ich surfe schon fast mein ganzes Leben lang. Ich habe leider keine Geschwister, mein größter Traum wäre es einmal nach New York zu fliegen".

Bell drängelte sich vor: "Also mein Name ist Bell und das ist meine kleine Schwester Lilly. Wir kommen auch aus Nordamerika, aber aus der Küstennähe. Ich surfe seit ich vier bin Ich bin jetzt auch sechzehn und Lilly ist Mitte acht. Ich habe ihr das Surfen vor zwei Jahren beigebracht, als sie ihr erstes Surfboard bekam. Ich bin schon das zweite Mal hier, Lilly das erste Mal, aber ich habe ihr schon viel davon erzählt."

Jetzt war Emma dran. „Ich komme aus Finnland, meine Mutter komm aber aus Nordafrika. Ich bin schon sehr oft bei meiner Tante in Südamerika surfen gegangen. Meine Tante ist eine Profisurferin. Ich bin jetzt auch schon das zweite Mal hier."

Und so ging die Runde weiter. Die zwei Jungs neben Justin und Till hießen Bob und Karlo und kamen aus der Karibik. Alle surften sie schon seit ein paar Jahren bis auf Suma. Von Vitray erfuhr ich, dass sie schon bei drei Surfcamps mitgemacht hatte. Wouves Vater gehörte das Camp, deswegen war Wouve genau wie seine Eltern fast Profisurfer. Er würde ja bei Wettkämpfen mitmachen, hatte wegen des Camps aber keine Zeit. Danach spielte Cham Gitarre und brachte uns ein paar Texte zum Mitsingen bei. Nebenher grillten wir Marshmallows und Stockbrot. Später erzählte Cham uns noch eine alte Stammeslegende über das Camp: "Einst waren auf dieser Insel nur Eingeborene. Sie surften noch auf alten Holzbrettern. Ein Stamm lebte hier, an dieser Küste. Surfen war ihr Leben, andere Stämme ritten auf Pferden, sie aber ritten die Wellen. Sie hörten die Gefühle des Wassers und konnten mit ihm reden. Damit hatten alle Tiere großen Respekt vor ihnen, alle, auch Haie. Sie schwammen mit ihnen und jagten zusammen im Meer. Sie teilten mit ihnen alles was sie besaßen. Eines Tages kam ein Schiff voller Weiße an. Sie nahmen die ganze Insel ein. Als sie die Menschen auf ihren Brettern surfen sahen, wollten sie das nach machen. Einigen gelang es auch, doch sie wollten das Meer für sich alleine besitzen. Sie wollten die Wellen bezwingen, typisch für Menschen halt. Doch das Meer ließ sich nicht bezwingen und schickte die Haie auf sie los. Die Haie verschlangen und zerstückelten die Boards. Der ganze Stamm verschwand. Seit dem sind Haie und Menschen Feinde geworden. Auch wenn die meisten Haie uns erst gar nicht angreifen und auffressen, sie werden nie unsere Freunde sein, weil wir für sie immer noch eine Bedrohung sind.

Andy stand auf. „Also das Lagerfeuer ist jetzt beendet, also ich bitte euch jetzt auf eure Zelte zu gehen und zu schlafen. Denkt daran, morgen wird ein knallharter Tag. Ihr werdet Muskeln brauchen!" Rica tippte mich von der Seite an: "Kommst du?" Ich nickte und ging mit ihr zu unserem Zelt. Ich sah mich noch einmal um. Vitray und die drei Jungs lachten noch zusammen am Lagerfeuer, das schon fast ganz aus war. Im Zelt legte ich mich auf mein Feldbett und kuschelte mich in meine Bettdecke ein. Ich musste die ganze Zeit über Chams Geschichte nachdenken. Ob sie wohl wahr war, ob ich jemals einem Hai begegnen würde?

Später, es waren schon einige Stunden vergangen, in denen ich mehrmals versucht hatte einzuschlafen, ging der Reisverschluss am Zelt auf. Warum kam Vitray denn so spät erst? Ich kümmerte mich nicht weiter darum und versuchte mich wieder aufs einzuschlafen zu konzentrieren. Auf einmal tippte mich jemand an. Ich schreckte hoch. Vor mir hockte Vitray, dass sah ich ganz genau. Die abstehenden Locken verrieten sie.

"Psst, ich bin es nur! Du warst echt super da draußen. Ich hätte echt nicht gedacht, dass du es so drauf hast, obwohl du ja eigentlich nie richtig surfen gelernt hast! Mich hat noch nie jemand geschlagen, außer dir!", flüsterte sie. „Aber du bist meinet wegen gestürzt!" wendete ich ein. „Na ja, also, wenn ich nicht so scharf aufs Gewinnen gewesen wäre, wäre das auch nicht passiert." „Und dir ist nichts passiert? Rein gar nichts?" „Eine kleine Schürfwunde am Hinterkopf, mehr nicht". Sie lächelte und schlich wieder zurück zu ihrem Feldbett.

Am nächsten Morgen fiel ich sehr früh aus dem Bett. Vitray und Rica waren noch tief am Schlafen. Ich zog ganz leise meinen Bikini an und schlich mich aus dem Zelt. Zum Glück waren die zwei richtige Murmeltiere und hörten nicht einmal den Reißverschluss! Am Strand war keiner zu sehen. Die Sonne war gerade aufgegangen und das Meer schillerte karminrot. Ich rannte über den Sand zu dem Schuppen und holte mir ein Board. Natürlich wollte ich immer noch den Snap lernen. Also paddelte ich wieder mal im Meer herum. Es war eiskalt, es hatte sich in der Nacht ganz schön abgekühlt. Das Meer war spiegelglatt, keine Anzeichen von Wellen. Ich paddelte etwas weiter heraus. Da sah ich, wie sich langsam eine Welle zusammenbraute. Schnell gelangte ich dort hin und stellte mich auf mein Board. Ich fuhr erst nur ein bisschen auf und ab zum Warmwerden. Dann nahm ich Schwung und fuhr auf den Lip. Meine Füße saugten sich am Board fest. Mit meinen Armen holte ich in einem Boden viel Schwung und drehte mit den Hüften mich um. Doch wieder viel ich ins Wasser und mein Board wurde durch die Luft geschleudert. Was konnte so schwer daran sein einen Snap hinzubekommen? Immerhin übte ich Gleichgewicht, seit ich das erste Mal auf einem Board stand und das war nicht gerade kurz her! Wie lange die anderen wohl gebraucht haben, um einen Snap hinzubekommen? Ich ersuchte es noch hunderte Male, doch es klappte einfach nicht.

Als ich nach einer Stunde aufgab und wieder an den Strand kam, sah ich Cham, der mit mehreren Broten unter dem Arm gerade auf dem Weg zu der Küche war. „Cham!", rief ich und rannte mit dem Board unter dem Arm zu ihm herüber. „Na schon so früh auf? Und gesurft auch schon? Wow du hast echt viel Ehrgeiz. Cémie, richtig?" -"Ja, genau. Weißt du, ich will einfach nur eine Snap surfen können, das ist alles." „Ein Snap. Ja der ist nicht ganz leicht, muss ich schon sagen. Die meisten, die ihn können, trainieren Jahre dafür. Jeden Tag und ich mein wirklich den ganzen Tag. Wenn du es aber richtig machst, brauchst du dafür nicht lange. Die Technik, die ist wichtig und das Gefühl, wie du es machst, muss stimmen. Aber mit ein paar Tricks und Trainingsaufgaben bekommst du das Gefühl ganz leicht hin. Wenn du möchtest kann ich es dir zeigen, wenn wir Zeit haben." „Ja klar, das wäre echt super! Ich wollte schon immer mal von einem Profi lernen."

Mit Cham ging ich rüber zur Küche. Der Boden war noch nass gewischt und ich musste aufpassen, dass ich nicht ausrutschte. "Ich kann dir bei etwas helfen, wenn du willst!" „Ja klar, das wer echt cool. Du kannst schon einmal den großen runden Ecktisch decken. Servierte, Tischdecke, Teller, Messer, Gabel, Gläser. Alles was hier steht." „Okay!" Ich ging mit der Tischdecke herüber zu einem sehr großen Tisch, eine Tafel wenn du mich fragst. Dahinter waren Bänke mit dick gepolsterten Lehnen an die Wand gebaut. Davor waren noch mehrere Stühle, die eher Sessel waren. Die Tischdecke passte genau auf den Tisch.

„Sag mal, brauchen wir überhaupt so viele Stühle?", fragte ich. „Meistens sind wir mehrere. Bis zu fünfzig Leute können es werden. Jedes zweite Jahr haben wir hier Sommercamping. Da kommen ganze Surfgruppen an, meistens Anfänger. Die bleiben aber dann höchstens drei Wochen!" „Wow ist ja stark. Habt ihr überhaupt so viele Boards?" „Die kommen alle mit Bussen an und bringen ihre eigenen Boards mit. In dem halben Jahr, in dem ihr hier seid, bereiten und trainieren wir euch auf Wettkämpfe vor. Die finden hier ja auch statt. Zwei, aber eher am Ende. Bewerbungen stehen frei. Ach... und danke, dass du mir so schön hilfst. So jemanden habe ich nicht oft."

Ich lächelte ihn an. „Irgendwie muss ich mich ja arrangieren. Du bringst mir immerhin surfen bei!" „Ach das mach ich doch gerne. Immerhin hast du für dieses Camp bezahlt! Das ist doch das Mindeste!"

Ich war fast fertig mit den Tellern und Besteck. Cham hatte Rührei, Spiegelei und Bratkartoffeln gemacht und eine extra Platte mit Speck, Käse und allem anderen Aufschnitt. Er hatte auch schon die Salatbar gefüllt und frische Orangen gepresst, darüber hinaus eine Platte mit Pfirsichen, Mandarinen, Bananen, Wasser- und Honigmelonen, Weintrauben sowie Äpfeln. „Cham, dass sieht absolut lecker aus!", rief ich begeistert. „Ich habe die Kirschen vergessen. Aber die kommen dann wohl eher ins Müsli, zusammen mit der Ananas!" „Was ist das hier, Luxus fünf Sterne?" Cham hatte so viele Sachen vorbereitet, es kam mir fast echt wie in einem Hotel vor.

Der Tisch war voll von leckeren Sachen! Wie sollte man da wiederstehen, vor allem wenn man den Tisch auch noch decken musste. „Warts nur ab, heute Abend machen wir Schokoladenfondue und selbstgemachte Pizza!" „Cham! Hör auf, sonst sabbere ich dich noch an!" „Okay, dann heißt du ab jetzt Sabberbacke!" Cham und ich mussten so lachen, dass ich auf dem Boden, der noch frisch nass gewischt war, ausrutschte. Cham lachte so sehr, dass er fast selber ausrutschte. Jetzt war ich die diejenige, die nicht mehr zu lachen aufhören konnte. Ich bekam heftige Krämpfe im Bauch, doch konnte ich trotzdem nicht aufhören. Es war schon fast eine Krankheit! Cham und ich rappelten uns auf. Ich fühlte mich fast so, als wäre ich betrunken.

Cham hockte sich auf einen der Stühle. „So früh fertig war ich ja noch nie! Dank dir Cémie!", sagte er freundlich. „Für die blauen Flecken am Hintern", meinte ich grinsend, lächelte und stand auf. Er ging herüber zur Theke und kramte er in einer Schublade. „Wenn wir jetzt schon mal so früh fertig sind können wir ja gleich noch mal hier durch putzen!", rief er und warf mit einem nassen Lappen nach mir, der mich an der Schulter erwischte. "Na warte du", rief ich zu ihm und warf den Schwamm zurück. Er holte noch einen, doch bewarf mich aber nur mit dem einen. Den anderen hielt er so lange in der Hand, bis ich zurück warf. Eine wahre nasse Lappenschlacht war das. Ehrlich gesagt, viel sauberer wurde es dadurch wirklich nicht. Aber es machte uns unheimlich viel Spaß.

Doch die Schlacht ging nicht lange, denn die ganzen Camper waren alle aufgestanden und waren im Anmarsch zur Küche. „Nachher bekomme ich eine Revanche!", drohte Cham. Ich lachte. Da sah ich Rica, die gerade herein kam. „Ach hier bist du Cémie! Habe mich schon gewundert!" - „Ja ich war hier und habe Cham etwas geholfen!" - "Beim nass werden!", rief Rica und mustere mich und lächelte. Rica und ich gingen zusammen zu der Bank und setzten uns hin. Emma, Bell, Suma und Lilly waren auch gerade gekommen zusammen mit Justin und Till. Danach kamen Karlo und Bob. Wouve, Andy, Eilen und Vitray kamen gar nicht. Wo die sich wohl herumtrieben. „Hey Rica! Wo sind eigentlich Vitray und Co.?" „Ach die, die sind doch dauernd weg. Beim Kurs sind die nie dabei und auch beim Frühstück nirgendwo. Nur beim Lagerfeuer. Ansonsten hängen sie die ganze Zeit wo anders ab!", meinte Rica verabscheuend. Dann meldete Cham sich: "Also Morgen Leute. Ich hoffe ihr habt nicht allzu schlecht geschlafen, denn heute geht's ans Surfen und ich sage euch dass wird echt harte Arbeit. Aber erst dürft ihr ordentlich reinhauen. Lasst es euch schmecken!" Dann lief er aus der Küche zu dem Schuppen mit den Boards. Ich kümmerte mich nicht weiter darum und fing an zu essen. Rica haute tatsächlich richtig rein. Fünf Brötchen aß sie hintereinander und dazu noch einen Apfel, während ich nur ein paar Wassermelonen und Pfirsiche gegessen hatte. „Und bist du bereit?", fragte Rica mich.

„Für was?"

"Nah für den Surfkurs!"

"Ich weiß nicht ob ich ihn mitmachen will..."

„Aber du wolltest doch immer professional surfen gehen!"

"Ja klar, ich will mich beim Snap nicht schon wieder blamieren!"

"Ach was das wirst du sowieso nicht. Schau dir Suma an! Die lernt das erst gerade! Komm schon, dass ist kein Skikurs! Es ist mehr wie freies Surfen. Cham surft auch mit und er gibt uns Tipps. Besonders heute wird er ein Auge auf Suma werfen!" -"Wenn du meinst", seufzte ich.

Nach dem Frühstück holten wir uns alle Boards und warteten am Strand auf Cham. Cham kam mit einem besonders langen Board. „Also Leute. Wir haben heute echt gute Wellen. Passt also gut auf und noch etwas, heute ist kein Wettkampf! Die Wellen gehören allen. Heute geht mir niemand unter!"

Besorgt schaute ich Rica an. „Ach was, der macht nur Scherze. Bis her ist hier noch niemand ertrunken!" Da liefen auch schon alle mit ihren Boards in die Wellen. „Na los!", rief Rica und rannte mit mir auch los. Kaum waren wir auf unseren Boards kam uns eine Welle entgegen. Ich hielt mich fest, holte tief Luft und tauchte unter der Welle hindurch. Ich hörte sie über mir hinweg rauschen. Danach tauchte ich wieder auf und paddelte zu den anderen, die auf ihren Boards saßen und auf Wellen warteten. Suma war direkt neben Cham. Sie wackelte noch auf ihrem Board. Man konnte ihr ansehen, wie aufgeregt sie war. Endlich sahen wir eine Welle. Alle paddelten wie wild auf die Welle zu. Emma, Bell und Lilly aber nicht. Sie warteten noch, vermutlich auf eine leerere Welle. Ich hingegen stellte mich aufs Board und machte mich warm. Auf und ab surfte ich. Drehte mein Board wieder quer in der Gischt und macht scharfe, enge Kurven am Bottom. Dann versuchte ich wieder einen Arial. Ich surfte auf den Lip und sprang ab. Diesmal sogar mit Board. Ich flog durch die Luft, bis ich wieder zusammen mit meinem Brett mitten auf der

Welle landete. Vor lauter Schwung wurde ich in die Hocke gepresst, doch mein Gleichgewicht machte mit. Rica und die anderen jubelten mir laut zu. „Das war fantastisch Cémie!", rief Cham. Ich surfte noch einmal zum Lip und sprang mit meinem Board ab von der Welle. Ich tauchte wieder auf und klammerte mich um mein Board. Da kam Rica auch schon an. „Wow, du warst Hammer, Cémie! Wenn du jetzt noch einen Snap einbauen würdest!" - „Den kann ich leider noch nicht!" - "NOCH nicht!", rief Rica und lachte mir zu. Da fiel mein Blick zum Strand. Dort liefen Vitray und Co.

Ach Rica, übrigens. Gestern ist Vitray noch einmal zu mir gekommen. Sie hat gesagt dass ich super war und dass es ihre Schuld gewesen ist, dass sie gestürzt ist."

"NEIN! Das hat sie gesagt? Ist ja unheimlich!"

"Kannst du laut sagen!"

Vitray und die Jungs schauten uns zu. Sie schienen nicht interessiert an unserem Surfkurs zu sein. Auf einmal winkte Vitray, dann rief sie etwas. Doch sie war viel zu leise, als dass wir sie hören konnten. „Hat die da gerade deinen Namen gerufen, Cémie?", fragte mich Rica. Jetzt hörte ich noch genauer hin. Ja, es war mein Name. Schnell paddelte ich wieder Richtung Strand.

„ Wo...wo willst du denn hin?"

"An den Strand was denn sonst?"

Ricas verdutztes Gesicht störte mich nicht länger. Eine Welle trieb mich an den Strand. Schnell nahm ich mein Board unter den Arm und rannte zu ihnen. „Hey Cémie! Wir haben dich eben gesehen, dass war absolut unglaublich!", rief mir Wouve zu. „Danke. Aber den Snap bekomme ich leider immer noch nicht hin!", meinte ich bloß enttäuscht. „Das wird schon. Glaub mir, am Anfang dachte ich auch, das bekomme ich doch niemals hin!", redete Andy. „Willst du nachher noch mit uns abhängen, nach dem Kurs?", fragte Eilen. Ich traute meinen Ohren nicht. „Ja klar!", rief ich begeistert. Ich musste wohl wie ein Honigkuchenpferd gestrahlt haben! „Cool, also, dann kommst du einfach zu uns in Wouves Zelt.

Dann gehen wir zum Klippenspringen!" rief Vitray fröhlich. „Kl..Klippen...springen? Nein, da mache ich nicht mit!" „Was, wieso denn nicht?", fragte Wouve mit ernster Miene. „Wenn ich dort auf einen Felsen falle und mir den Kopfaufschlag. Nein, Schmerzen oder Schlimmeres brauche ich heute wirklich nicht. Da trainiere ich lieber den Snap!", meinte ich und lief wieder ins Wasser. Jetzt hielten sie mich bestimmt für einen Feigling, der sich nichts traut, jemand der uncool ist! Als ob das auch so toll wäre von so einer dämlichen Klippe zu springen, nur weil es Lebensgefährlich ist! Wütend und enttäuscht paddelte ich zu den anderen. Rica surfte gerade eine Riesenwelle und sie war richtig gut. Doch bei einer scharfen Kurve fiel sie ins Wasser. Schnell paddelte ich zu ihrem Board. Direkt daneben tauchte sie auf und holte tief Luft. Die dunklen Harre bedeckten ihr Gesicht wie ein Vorhang. Als sie mich sah wunderte sie sich." Was machst du denn hier, bist du nicht mit den anderen unterwegs?" Ich hatte nicht vor Rica zu erzählen, was wirklich passiert war. „Nein, ich hab gemerkt, dass es bei dir viel cooler ist!" „Ha ha ha. Los komm, was ist wirklich passiert?" „...tut mir leid, dass ich dich einfach so zurück gelassen habe!" Rica lächelte. „Freundinnen?" fragte sie mich. „Aber sicher!", rief ich. Zusammen surften wir noch viele Wellen und ich wurde immer besser. Suma fiel sehr oft vom Board. Einmal jedoch hatte sie es geschafft drauf zukommen, doch das hielt nur ein paar Sekunden. Nach zwei Stunden war der Kurs zu Ende und alle liefen mit ihren Boards zum Schuppen.

Ich jedoch nicht: Cham wollte mir immerhin den Snap beibringen. Dafür gingen wir aber zu erst an den Strand. „Also, du willst den Snap lernen, richtig? Zu erst will ich dein Gleichgewichtssinn testen!" Er legte mein Board auf eine zylinderförmige, riesige Dose aus Blech. „Und jetzt drauf stellen!" Ich versuchte auf das wackelige Board zu kommen. Erst den einen Fuß und dann schnell den anderen hinterher. Das Board schwankte erst doch ich bekam es gleich beim ersten Mal hin. „Sehr gut!", meinte Cham und lächelte, „warte kurz!" Er lief zu meinem Zelt herüber und rief irgendetwas herein. Dann kam er mit Rica zurück. Er holte noch einen riesigen Korb mit wassergefüllten Luftballons. „Die habe ich immer auf Vorrat!", rief er und begann mit Rica mich damit zu bewerfen. Die beiden hatten richtig Spaß. Ein paar Mal platzen die Luftballons und machten mich klatsch nass. Wir hatten echt viel Spaß. Danach meinte Cham: „Okay Rica, du bist erlöst. Cémie, schnapp' dein Board, wir gehen ins Wasser.

Zusammen liefen wir zum Ufer und paddelten los. Dann hielt Cham an und setzte sich auf sein Board, ich machte es ihm nach. „Also, wenn du den Snap surfen willst, brauchst du viel Geduld und viel Schwung. Also du surfst erst einmal von oben nach unten und nimmst den ganzen Schwung wieder mit nach oben. Wenn du in der Gischt bist darfst du nicht anhalten. Du schleuderst mit dem rechten Arm so fest du kannst nach vorne und gleichzeitig nimmst du den linken Arm nach hinten und drehst deine Hüfte und deine Beine mit. Du musst etwas in die Hocke gehen, dass du sicherer stehst. Okay, also dann versuch es!"

Natürlich versuchte ich gleich alle Tipps anzuwenden, doch immer fehlte etwas. Einmal vergaß ich in die Knie zu gehen, das andere mal hatte ich nicht genug Schwung oder mein Board drehte sich nicht mit. Ich weiß nicht wie viele Male ich wieder im Wasser landete. Aber ich versuchte es immer wieder und nochmal. Nach ungefähr einer eineinhalb Stunden gab ich auf und ging wieder zum Strand. Cham folgte mir. „Hey, Cémie, dass macht gar nichts. Selbst die richtig guten Surfen fliegen mal vom Brett! Du schaffst das, du darfst nur nicht aufgeben! Okay?" Ich nickte nur. Cham lächelte mir zu und brachte die Boards weg. Ich war ziemlich enttäuscht. Als ich tropfnass ins Zelt kam sah ich Rica auf ihrem Feldbett lesen.

„Und wie ist es gelaufen?"
„Furchtbar. Ich war so schlecht ich habe es nicht einmal hinbekommen!"
„Ich bin mir sicher, dass du kurz davor warst. Außerdem bist du hier noch ein ganzes halbes Jahr und wir trainieren jeden Tag mit einer der aller Besten!"

„Wer denn?"
"Na Cham! Weißt du wie viele Wettkämpfe der schon gewonnen hat. Und Wouves Vater erst! Der surft zwar nicht mit uns, aber trotzdem!"

"Ja ja, schon verstanden. Hör zu ich geh duschen? Ich bin schon ganz aus Salz!", rief ich und schnappte mir etwas neues zum Anziehen, Shampoo und mein Handtuch.

Als ich fertig war und auf dem Weg zurück zu den Zelten war, viel mein Blick auf eine hohe Klippe in der Ferne. Immer wieder sprangen Jungs von der Klippe. Drei und ein Mädchen. Vitray... dachte ich. Es gäbe eigentlich nur eine Sache, die den Tag noch viel schlimmer machen konnte: Wenn die Vier nachher zu mir kämen und mich voll runter ziehen würden! Warum musste ich auch nur so feige sein, gerade jetzt, wenn ich mich mit Vitray so gut verstand!

Später gingen Rica und ich noch zum Gemeinschaftsraum. Dort stand sogar ein Billardtisch, der aber gerade von Justin, Till, Karlo und Bob besetzt wurde. Emma und Lilly waren dabei einen Tanz einzustudieren. Suma und Bell saßen auf dem Sofa und plauderten. Als sie uns sahen winkten sie uns fröhlich zu. Wir setzten uns zu ihnen und plauderten über die Wellen. Ich erzählte ihnen von dem Training bei Cham und wie ich jedes Mal ins Wasser gefallen bin. Emma stand immer noch auf Cham und sagte mir, was für ein Glück ich hätte, so nah bei ihm surfen zu können. Rica meinte, dass ich unheimlichen Ehrgeiz hatte, um so dahinter her zu sein! Auf einmal ging Musik los. Es war Karlo, der sich wie ein DJ aufmachte. Emma und Lilly begannen natürlich sofort zu Tanzen an. Justin machte das Licht dunkler und schaltete ein Licht an, das seine Farben wechselte. Es war nicht besonders hell, aber man fühlte sich fast wie in einer Disco. Auch Rica und ich tanzten bis Till und Justin zu uns kamen. „Na große Zicke, Lust auf einen kleinen Ausritt?", rief Till und nahm Rica huckepack. „Du auch! Komm schon!", rief sie und Justin nahm mich auch auf seinen Rücken. Dann rannten die wie zwei Irre durch den ganzen Raum und wir oben drauf.

Als sie uns auf die Sessel plumpsen ließen hatten wir Bauchschmerzen vor Lachen. Da öffnete sich die Tür. Ich schaute hoch und sah Andy und die anderen herein kommen. Mit einem zerknirschten Gesicht ließ ich den Kopf wieder fallen. Die haben mir gerade noch gefehlt! Doch zum Glück liefen sie vorbei. Alle bis auf Andy. Der ließ sich auf das Sofa plumpsen.

„Hey Cémie und Rica!", rief er nur. „Hey Andy, und was gibt es neues!",
rief Rica. „Nichts außer, dass wir heute beim Klippen springen jemanden
vermisst haben!" Er zwinkerte mir zu, doch ich seufzte nur. „Hey, dass ist
echt nicht so schlimm. Jeder hat doch vor irgendetwas Angst!"

„Vitray sieht das bestimmt anders!"
"Ach, hör' doch nicht auf die. Die denkt sowieso sie wäre die tollste!" -
"Ich dachte, du magst sie!"
"Tu ich ja auch. Aber manchmal kann sie einen echt ärgern!"
"Kannst du laut sagen!", rief Rica dazwischen.

„Sie kann aber auch nett sein, auch wenn das nur selten vorkommt. Ich
weiß auch nicht was Wouve an der findet, oder fand!", meinte Andy.
„Immerhin war er letztes Jahr mit ihr dreimal zusammen!", rief Rica
beeindruckt, „sag mal, die wollten mit dir Klippen springen?" „Ja und ich
war zu feige mitzugehen. Toll, ich weiß!" „Nein gar nicht. Ist auch besser,
dass du Vitray nicht gleich hinterher springst!", sagte Andy. „Ja, ich habe
es am Anfang nämlich gemacht, bis es mich irgendwann echt angekotzt
hat!", bemerkte Rica. „Warte, du warst mit ihr befreundet?" „Ja, kaum zu
glauben oder? Am Anfang war die total nett, jedenfalls solange man das
gemacht hat, was sie wollte!" Ich war sprachlos. Vitray und Rica? Die
passten ja gar nicht zusammen! Aber das dachte sie wahrscheinlich auch
von mir. „Ich gehe dann mal wieder zu den anderen. Macht's gut
Mädels!", Andy kletterte über die Lehne und lief in den Nachbarraum, wo
die anderen Fernsehen schauten. „Andy ist wenigstens nett!", sagte ich
schließlich. „Die Jungs sind alle drei nett. Wouve macht zwar manchmal
ein auf erwachsen, aber die sind alle nett. Nur Vitray ist die Schlimme!"
„Waren die immer in einer Gang?" „Immer! Seit ich hier das erste Mal
war. Obwohl, Andy war noch nicht dabei. Der kam erst Vorletztes Jahr
dazu. Ich frage mich, wieso sie Vitray immer noch dabei haben! So lange
könnte ich es mit der nie aushalten!"

Auf einmal wurde das Licht noch dunkler und ein Scheinwerfer ging auf
Vitray, die mit ihren hohen Schuhen auf eine kleine Bühne trat. Sie ging
zu einem Mikrophone und sagte: "Hey Leute. Gleich beginnt unser
kleiner Karaokeabend, wie jedes Jahr. Davor möchte ich aber noch etwas

sagen: Ich finde, dass kleine Schisser, die sich nicht trauen eine dämliche Klippe runter zu springen, weil sie Angst hat sich den Kopf aufzuschlagen, obwohl dort viele andere schon heruntergesprungen sind und dort sicher keine Felsen im Wasser sind, nicht mitmachen sollten! Also Cémie, du kannst ja in der zwischen Zeit woanders hingehen und irgendetwas Ungefährliches machen. Aber pass' auf nachher tust du dir noch weh!"

Alle lachten und schauten mich an. Mir standen die Tränen in den Augen. Wütend schaute ich Vitray an, die aber nur eingebildet lächelte. Aufgebracht rannte ich aus dem Gemeinschaftsraum. Mit dem Fuß tritt ich die Tür auf und schlug sie heftig zu. Ich hörte wie die anderen noch mehr lachten. Mir liefen die Tränen über das Gesicht, doch ich wischte sie weg. Dass sie so gemein ist, hätte ich nie gedacht und auch nicht von den anderen! Ich hatte Vitray doch überhaupt nichts getan! Warum war sie nur so fies? Ich rannte über den Strand, einfach nur weg von allen. Da sah ich die Klippe. Vielleicht war sie ja doch gar nicht so hoch, wenn ich wenigstens einmal dort herunterspringen würde, dann würde sie mich in Ruhe lassen! Ich lief bis zu einer Felsenwand, die hoch zu der Klippe ging, und kletterte über die Felsen hoch. Oben auf der Klippe schaute ich herunter ins Meer. Es war sehr tief und die Wellen waren durch den starken Wind sehr hoch. Und wieder traute ich mich nicht. Das kann doch nicht so schwer sein. Ärgerlich ging ich die schmalen Klippen weiter und setzte mich auf einen Felsen über dem Abgrund. Dieses mal waren Felsen im Wasser und was für welche. Richtige Riesen, an denen sich gewaltige Wellen brachen. Da entdeckte ich einen kleinen schwarzbraunen Punkt im Wasser, der durch die Wellen hin und her geschaukelt wurde. Was war das bloß? Eine kleine Ente, aber dafür war es zu rund. Ich beobachtete es noch eine ganze Weile, bis ich es erkannte. An seinem Schreien hatte ich es erkannt, es war ein kleiner Junge, der nicht schwimmen konnte. Wenn die Wellen so weiter tobten, würden sie ihn gegen die Felsen schmettern.

Ich überlegte, ob ich nicht doch lieber Hilfe hohlen würde, doch bis dahin war der Junge längst ertrunken. Was sollte ich nur machen, ich hatte keine

Wahl. Ich zitterte am ganzen Körper. Schließlich traf ich einen Entschluss. Ich holte tief Luft und sprang die Klippe herunter. Mein Bauch kribbelte und der Wind zerzauste meine Haare. Als ich ins harte Wasser eintauchte zuckte mein ganzer Körper vor Kälte. Ich versuchte schnell hoch zu kommen und holte tief Luft. Ich wischte mir das Salzwasser aus dem Gesicht und schaute mich nach dem Jungen um. Nirgendwo zu sehen. Doch da tauchte er wieder auf. So schnell ich konnte kraulte ich herüber zu ihm und hob ihn mit einem Arm über dem Wasser. Mit dem anderen ruderte ich ihn an den Felsen vorbei Richtung Ufer. Der kleine Junge löste sich aus meinem Arm und schwamm wackelig zum Ufer.

Ich wollte ihm hinterher schwimmen, doch eine große Welle packte mich und spülte mich nach unten. Ich wurde durch das Wasser mehrmals geschleudert. Als ich auftauchen wollte wurde ich von einer anderen Welle erneut unter Wasser gedrückt. Hektisch schlug ich um mich. Meine Kehle drückte und verlangte nach neuem Sauerstoff, den sie nicht bekam. Meine ganze Haut wurde gedrückt. Ich schwamm wieder an die Oberfläche und konnte einen kleine Luftzug hohlen. Doch die Welle spülte mich wieder nach unten. Auf einmal prallte ich mit dem Kopf an etwas sehr hartem auf. Ich vermute, dass es einer der Felsen war. In meinem Kopf drehte sich alles. Ich hörte lauter Stimmen. Das Bild vom aufgewühlten, blaugrauen Meer verschwamm und verschwand dann in der tiefen Dunkelheit.

3. Leuchtendes Abendrot

Immer wieder hörte ich den regelmäßigen Puls und spürte, wie er durch meine Brust pochte. Ein paar mal streifte sanfte, warme Luft durch meine Luftröhre hinüber zu meiner Lunge. Ich spürte die leichten Winde über meiner Haut. An manchen Stellen war sie warm. An den anderen Stellen kühl, besonders an den Haaren. Ganz klar, ich war noch nass.

Ich nahm ein Rauschen war und Vögel, die zwitscherten. Auf einmal war ein Dumpfes Rufen zu hören, nur ich verstand nicht, was es sagte. Da war ein starkes Schwindelgefühl und ich bemerkte ein Licht. Ich schlug die Augen auf und hustete kräftig Wasser aus meiner Lungen. Als ich wieder richtig Atmen konnte richtete ich mich langsam auf und sah mich um. Erst sah ich nur Weiß mit orangen Tupfern. Die Tupfer verwandelten sich zu Gesichtern. Ja es war Cham und Rica. Das grelle Weiß verschwand in einem schönen hellen Abendrot.

Ich lag im Sand. Rica hatte ein paar Tränen auf der Wange und Cham war richtig außer Atem. „Okay, wir haben sie wieder!"; sagte er. „Oh Cémie", begann Rica zu schluchzen und nahm mich in den Arm. „Schon gut Rica. Oh mein Kopf fühlt sich an als hätte ein Pferd darauf herum getrampelt. Was ist denn mit mir passiert?" „Du hast einem kleinen Jungen das Leben gerettet und bist im Wasser gegen einen Felsen geprallt!", erzählte Cham. „Wo ist der Junge, wie geht es ihm?" „Es geht ihm gut. Er ist bei Wouves Mutter. Ich war gerade am Strand dich suchen. Rica hatte nämlich nach dir gesucht und mir erzählt was passiert war. Als wir dich suchten kam uns dieser kleine Junge entgegen. Immer wieder zeigte er zu den Klippen. Rica und ich sind natürlich sofort hingerannt. Als wir dich unter Wasser gesehen haben bin ich direkt zu dir und haben dich hier her gebracht! Du hattest echt Glück, dass dir nichts passiert ist!", jetzt sah ich wie besorgt Cham aussah.

Ich wollte aufstehen, doch Cham hielt mich zurück. „Nein, nein. Das lässt du schön bleiben. Wir bringen dich in dein Zelt, da wirst du dich erst einmal ausruhen!" Cham hielt die eine Hand unter meinen Kopf und mit der anderen umschloss er meine Hüfte. Er war schön war. Langsam trug er mich über den Sand. Jeder einzelne Schritt war wie ein Donnern. Im Zelt legte er mich auf mein Feldbett und ging mit Rica hinaus. Ich schlief sofort ein. Als ich aufwachte war es hell. Ich hatte ziemliche Kopfschmerzen und unendlich Hunger. Ich hatte das gesamte Lagerfeuer verpasst! Mein Kopf brummte und meine Muskeln fühlten sich wie Pudding an. Mit wackeligen Beinen stand ich auf und zog mir etwas Neues an. Ich lief über den Strand. Keine Menschenseele war zu sehen. Sie waren wohl schon alle beim Frühstück.

Als ich zur Tür herein kam jubelten alle und klatschten. Rica deutete auf einen freien Platz neben ihr. Ich lächelte und setzte mich neben sie. „Und wie geht es dir?" „Außer das mein Kopf wie ein Bienenstock brummt ist alles in Ordnung". Rica musste lachen. Vor uns waren alle Stühle leer, wir saßen alle auf der Bank. Alle waren da, alle außer Vitray und die anderen, mal wieder! Doch wo man vom Teufel spricht, da kamen sie auch schon zur Tür herein. Vitray ließ den Blick schwenken. Bei mir blieb er stehen und auch die anderen schauten mich an, als wäre ich ein Zombie. Doch als Cham hinter ihnen auftauchte, setzten sie sich auch hin. Cham kam herüber zu mir: "Schön, dass es dir wieder gut geht! Meinst du, du kannst heute surfen?" „Ich werde es auf jeden Fall probieren", meinte ich. „Sehr gut, aber sei ja vorsichtig ja? Vielleicht müssen wir sonst doch noch den Krankenwagen holen!" Ich wusste nicht recht, ob Cham das als Scherz meinte. Beim Frühstück schaute Vitray die ganze Zeit mich an und tuschelte mit den Jungs.

Als wir nachher surfen gehen wollten kam uns eine schöne Frau, mit blonden langen Haaren und braungebrannter Haut entgegen. Sie hatte einen kleinen dunkelhäutigen Jungen auf dem Arm. Ich erkannte ihn sofort Ich rannte zu ihm hin. „Na du kleiner mutiger Kerl!", rief ich zu ihm. Die Frau lächelte: "Du bist sicher unsere Heldin nicht war. Hellen, Wouves Mutter. Willst du ihn mal auf den Arm nehmen?" „Klar", ich nahm den kleinen auf den Arm. „Na, kennst du mich noch?", der kleine lächelte mich an. "Weißt du ohne dich hätte ich das nicht überlebt!" Hellen lächelte. „Wir wissen noch nicht zu wem er gehört, also wird er vorerst hier bleiben. Wie soll der kleine Mann den heißen?" „Ich werde ihn Jase nennen!" Ich gab Jase einen Nasenkuss und übergab ihn wieder an Hellen. „Bis nachher Jase!", rief ich ihm noch zu und hob mein Board wieder auf, das ich in den Sand gelegt hatte. Irgendwann bring ich Jase noch das Surfen bei, dachte ich vor mich hin. Kaum war ich im Wasser tauchte Vitray neben mir auf. „Hey! Echt Hammer von dir, dass du den kleinen gerettet hast!" - „Ich hatte keine Wahl!" - „Du hattest die Wahl zu springen! Tut mir echt leid wegen dem Karaokeabend. Das war echt kindisch!" Ich staunte nicht schlecht, als sie das sagte. „Es hätte sowieso keinen Unterschied gemacht! Ein Schisser hätte bestimmt nicht Karaoke gesungen!" Ich lächelte sie an und sie lachte. „Vitray? Danke", sagte ich dann. „Wofür denn?", fragte sie verblüfft. „Ohne dich wäre Jase ertrunken!" - "Jase, so heißt er jetzt, der Junge?" „Ja. Nur leider muss er ja wieder weg, wenn Hellen seine Familie gefunden hat!" - „Ja klar, aber wir werden ihn ganz bestimmt wiedersehen. So groß ist Hawaii nun auch wieder nicht!" Dann paddelten sie und ich los und surften die Wellen.

Nach dem Kurs trafen ich und Cham uns wieder am Strand. „Cémie, ich muss noch was erledigen. Fang doch schon einmal an!" „Klar, mach ich!" Sofort lief ich wieder ins Wasser hinein. Als eine riesige Welle kam, paddelte ich wie üblich sofort hin. Ich stellte mich auf mein Board. Meine Füße standen fest. Ich hatte die absolute Kontrolle. Die Welle gab mir viel Schwung. Ich surfte in Schlangenlinien scharfe Kurven. Dann merkte ich, wie das Wasser mich immer mehr antrieb und meine Beine klammerten sich nicht mehr so um das Board. Es war, als ob sie los ließen und die Welle machen ließ, was sie wollte. Dann surfte ich zum Lip der Welle, drehte meinen linken Arm nach hinten, holte mit dem rechten Arm Schwung, drehte meine Hüfte und meine Bein in Richtung Strand und das Board mit. Als ob nichts passiert wäre surfte ich wieder in der Mitte der Welle. Ich war nicht ins Wasser gefallen. Nein ich hatte es geschafft! Ich hatte nur den Widerstand des Wassers gespürt und der Wind, der mich nur von der Seite anblies. Am Strand stand Rica. Sie jubelte und applaudierte. Schnell wie der Blitz war ich aus dem Wasser und lief zu ihr. „Cémie, dass war der Hammer. Wie hast du das nur so schnell hinbekommen?" „Ich habe, die Welle die Arbeit überlassen, das war es!" Rica und ich umarmten uns und hüpften schreiend im Kreis. Da kam Cham. „Cham, Cham, sie hat es geschafft!" rief Rica ihm direkt entgegen. „Ja ich habe es gesehen, ich war ja nur in der Küche. Cémie, das war große Klasse. Wenn du so weitermachst brauchst du mich gar nicht mehr!" Cham lächelte. „Habe ich jetzt sozusagen frei?" „Ja klar, wenn du willst. Ich kann dir nichts mehr beibringen!"

Cham widmete sich wieder seiner Arbeit. Rica wollte mit mir in den Gemeinschaftsraum, aber ich sagte ihr, dass ich später noch dorthin kommen würde. Schnell flitze ich zu der Klippe und die Steine hoch. Obenan gekommen war niemand zu sehen. Ich dachte, das Vitray und die

Jungs hier saßen, aber sie waren nicht da. Ich setzte mich wieder auf den großen Stein über dem Abhang und schaute herunter, dort wo Jase gestern war. Natürlich war kein weiterer kleiner Kopf zu sehen, den ich retten musste. Stattdessen nur kleine Wellen. Die meisten hatten noch nicht einmal Schaumkronen. Das Wasser war auch wieder kristallklar, nicht so aufgewühlt wie gestern.

Immer wieder entdeckte ich etwas Silber schimmerndes. Ich beobachtete es eine geraume Zeit. Ich beschloss, es mir genauer anzusehen. Also sprang ich erneut die Klippe herunter. Genau an der gleichen Stelle, damit ich nicht gegen die Felsen sprang. Das Wasser war nicht besonders tief an der Stelle, wo das Ding funkelte. Ich tauchte ein paar Mal, aber das Salzwasser brannte zu sehr in meinen Augen. Ich trat versehentlich mit dem Fuß auf und eine Schlammwolke stieg empor. Jetzt würde ich es endgültig nicht mehr sehen können. Ich stieg aus dem Wasser und rannte zurück zu den Zelten. Ich schnappte mir ein Handtuch und trocknete meine Haare ab. Anschließend lief ich zum Gemeinschaftsraum.

Rica saß wieder mit Emma und den Mädchen auf dem Sofa. Dieses mal hauten sie sich Chips rein. „Na ihr?", rief ich ihnen zu. „Du kommst gerade richtig. Heute ist der große Kinoabend, Justin und Till bauen grade auf!", meinte Rica. Ich schaute zu den Jungs herüber. Die steckten in meinem Salat aus Kabeln. Ich ging zu ihnen herüber. „So muss sich eine Spinne fühlen, wenn ihr Spinnennetz zerzaust wird!", dachte ich laut. „Haha, ja genau!", stimmte Justin lachend zu. „Cémie, die armen Spinnen brauchen Hilfe, vor allem bei der Auswahl der Fliegen!", jammerte Till. Ich musste lachen und schaute mir den Berg an DVDs durch. Die meisten davon hatten noch nicht einmal eine gescheite Handlung. Es ging eher um das Kunstblut, das heraus spritze, wenn jemand einem einen Dolch in die Brust steckte.

„Was ist das denn?!", rief ich schockiert.

„Jungsfilme!" Justin tat so, als ob nur Jungs so was gucken würden.

„Von wegen, ich hab ein paar davon gesehen. Das ist echt krank, man kann nicht mehr allein aus dem Badezimmer!" stichelte ich.

"Sagte ich doch, Jungsfilme!".

Ich griff nach einem Kissen und warf es Justin an den Kopf. „Okay, okay! Ein Jungsfilm und einer für Mädchen." „Gut, dann fangen wir doch mit einem Shoppingfilm an!", als ich in Justins zerknirschtes Gesicht sah musste ich lachen. „Ich weiß was. Erst freche Mädchen und dann Scream!", sagte Justin mit einer gruseligen Leiherstimme. Er versuchte es jedenfalls gruselig zu machen. „Teil Vier, der ist geil!", mischte sich Till ein. „Sorry, es gibt nur Teil eins und zwei!", sagte ich. -"Ach, die sind auch gut. Also erst den Mädelsfilm und dann...". Justin machte große Augen. „Horrorfilme sind eh besser, wenn es richtig dunkel wird!", meinte Till. Dabei hatte er allerdings Recht. Da öffnete sich die Tür und Cham kam mit einer riesigen Schüssel voller Popcorn herein. „Na wisst ihr schon was ihr guckt?", fragte er die Runde. „Ja klar! Sogar Mädchen gerecht!", meinte Justin. „Gut, also das Lagerfeuer fällt heute aus. Ich mach es an, also wer kommen will, der kann! Haha, gut gereimt oder? Also viel Spaß und bleibt nicht so lange auf!" Cham stellte die Schüssel auf einen kleinen Fernsehtisch neben dem Fernseher und ging wieder. Die Jungs hatten inzwischen den Kabelsalat aufgelöst und die DVD eingelegt. „Also, Leute, holt eure Sessel, denn es geht gleich los. Zu erst kommt freche Mädchen und danach...geht es weiter mit was gescheitem, Scream eins und zwei! Also viel Spaß", rief Justin und setzte sich in einen der Sessel. Emma und Bell hatten eine weiche Matratze vor den Fernseher gelegt und weiche Kissen geholt. Rica, Emma, Bell, Lilly, Suma und ich legten uns auf die Matratze und lehnten uns an den Kissen an. Vitray, Wouve, Andy und Eilen saßen über uns auf dem Sofa. Karlo und Bob teilten sich ebenfalls die Sessel.

Der erste Film war eigentlich ganz witzig. Nur die Popcornschüssel war schnell leer. Jetzt begann der zweite Film. Rica hatte totale Angst den zu schauen. Ich kannte die Art von Filmen schon. Immer steht ein Mörder in der Ecke macht gruselige Telefongespräche und sticht zu. Irgendwann verlieren solche Filme doch ihren Effekt. Außerdem war es total ekelig und überhaupt übertrieben dargestellt. Rica hatte sich schon ein Kissen geschnappt, in das sie im Notfall ihr Gesicht stopfen würde. Die Jungs jedoch waren völlig relax.

Auch bei ersten Mord lachten die nur. Plötzlich lief Andy heraus und schlug die Tür hinter sich zu. Die anderen schien das nicht zu kümmern oder sie wussten schon, dass so etwas passiert. Ich jedoch stand auf. Wirklich Lust auf den Film hatte ich auch nicht. Ich schloss die Tür hinter mir und schaute mich um. Wo war nur Andy? Es war inzwischen ganz dunkel. Ein paar Sterne waren zu sehen, die anderen wurden von Wolken bedeckt. Ich schaute um die Ecke. Da saß jemand am Lagerfeuer. Cham war es nicht, der war viel größer. Ich ging zu ihm hin. Als Andy mich sah, seufzte er. Ich setzte mich neben ihn und schaute ins Feuer. „Warum muss ich nur Angst davor haben. Angst ist eine Behinderung für uns alle!", trotze er, als ob er genau wusste, was ich fragen wollte. „Angst vor Horrorfilmen?" - "Angst vor Mord!" - "Dass ist doch nicht schlimm. Das ist eher besser. Dann...kommst du nicht auf schlechte Ideen, wenn du verstehst, was ich meine." -"Ja schon...aber weniger Mädchen bin ich dadurch trotzdem nicht!" - "Weniger Mädchen? Dass hat doch nichts mit Mädchen zu tun, auch wenn die ihre Angst öfters zeigen!" - "Trotzdem, Angst ist einfach eine Behinderung! Manche trauen sich noch nicht einmal vom Dreimeterbrett zu springen! Das ist doch abnormal." - "Stimmt, ziemlich uncool..." Ich dachte dabei daran, als ich nicht mit zu den Klippen wollte. Andy hatte schon recht damit, mit was er sagte. „Du hast deine Angst wenigstens überwinden können!" -"Ja, aber ich hatte keine Wahl. Ich weiß, ich hatte die Wahl zu springen, dass hat Vitray auch schon gesagt. Aber von alleine hätte ich das nie gemacht!" - "Und ob du es von dir alleine gemacht hast! Du hättest die Felsen schnell herunterklettern können! So viel weiter ist das auch nicht." Ich wusste nicht recht, was ich sagen sollte.

Auf einmal stand Andy auf. „Komm, ich will dir etwas zeigen." Er ging mit mir zu der Klippe und setzte sich oben hin. „Siehst du das Sternenbild? Ich weiß nicht, was es ist, aber ich sehe es jedes Mal, wenn ich hier bin, aber immer an anderen Orten!" Für mich sah das Sternenbild wie eine ganze Muschel aus. Ich wusste auch nicht, was das für ein Sternenbild sein sollte. „Sieht aus wie ein Krebs!", meinte Andy. „Ein

Krebs! Wie viel Fantasie hast du denn?" „Pass auf, sonst zwickt er dich noch mit seinen Scheren! Hier und hier und da!" Andy begann mich auszukitzeln, aber ich wehrte mich und startete eine Attacke auf ihn. Andy war so kitzelig, dass er sich nicht mehr wehren konnte und nur noch lachen musste. „He.. ich kriege keine Luft mehr!", rief er, als würde man ihn zerquetschen. Als ich aufhörte musste er wieder lachen.

„Hey, ich sollte mal wieder zurückgehen, sonst denken die anderen, ich steck' auf dem Klo fest oder so", sagte er und rannte er zu der Steinwand und kletterte flink herunter. Dann rannte er über den Strand. Ich schaute ihm noch nach.

Dann war ich ganz alleine. Plötzlich kam mir das silberne Ding wieder in den Sinn. Ich lief schnell zu dem großen Stein und schaute hinunter. Da sah ich es. Wie eine hell schimmernde, silberne Lampe, mit einem Stich ins Lila leuchtete es im Wasser. Ich rappelte mich auf und machte mich bereit zum Springen. Ich hatte längst keine Angst mehr. In Null Komma nichts tauchte ich ein. Das Wasser war schwarz, doch das leuchtende Etwas machte das Wasser rundherum hell. Ich holte tief Luft und tauchte über den Sand. Vor dem Ding stoppte ich. Es sah aus...wie eine Muschel, wie so eine Muschel, in der Perlen waren. Schnell griff ich nach ihr und tauchte wieder auf. Sie strahlte mein ganzes Gesicht an, so hell war sie. Ich fragte mich was für eine Art Muschel dass sein sollte. Schnell ging ich aus dem Wasser und rannte zu meinem Zelt. Drinnen versteckte ich die Muschel schnell unter meiner Bettdecke, damit sie niemand sah. Dann lief ich wieder zum Gemeinschaftsraum. Als ich die Tür öffnete viel mein Blick auf Andy der wieder auf dem Sofa saß. Leise schlich ich mich auf die Matratze. „Wo warst du denn so lange", flüsterte Rica. Ich schaute kurz zu Andy rüber. „Bei ihm?", fragte Rica erst verdutzt doch dann lächelte sie. Der Film war mittlerweile schon fast beim Finale.

Nach dem Film gingen wir alle in unsere Zelte. Wir hatten doch nur den einen Teil geschafft, aber Justin meinte, wir würden den noch wann anders gucken. In unserem Zelt legte Rica sich gleich hin, holte ihre Taschenlampe aus ihrem Rucksack und begann zu lesen. Ich stieg auch unter meine Decke und tastete nach der Muschel. Fast wäre sie vom Bett gefallen. Ich wollte sie gerade in meinen Koffer tun, als die Zelttür wieder aufging und Vitray herein kam.

Sie musterte mich schon wieder so komisch. Auch sie stieg in ihr Bett und holte ihr Handy heraus und schrieb SMS. Später, als Rica aufgehört hatte zu lesen und Vitray beinahe eingeschlafen war, kam Rica noch in mein Bett. „Und, wie war es denn so mit Andy?" - „Eigentlich ganz schön, er hat mir ein Sternenbild gezeigt. Er meinte ja, es sähe aus wie ein Hummer, vielleicht grade so mit viel Fantasie würde man es noch als Hummer erkennen. Dann haben wir eine Kitzelfolter gestartet."

"Ja und dann?"

„Rica du Neugierige! Dann...dann hat er..."

"Was hat er?"

"Dann ist er gegangen"

"Was?! Ehrlich jetzt!"

"Ja doch echt, er ist einfach aufgestanden!"

"Der ist vielleicht komisch"

"Ach was, glaube ich nicht! Es hat irgendetwas mit seinen Freunden zu tun."

"Meinst du? Ich finde den trotzdem komisch!"

"Wenn du das sagst." Rica stand auf und schlich zurück in ihr Bett. „Muss es wohl stimmen!" sagte sie noch mit einem lächeln, bevor wir einschliefen.

In dieser Nacht konnte ich nicht schlafen. Ständig wachte ich wieder auf und wälzte mich. Doch ich musste immer an Andy denken und an das Sternenbild. Da viel es mir ein. Ich kramte in meinem Koffer und holte die Muschel heraus. Sie sah wirklich genau wie das Sternenbild aus. Oder bildete ich mir das nur ein. Da drehte sich Vitray zu mir. Schnell steckte ich die Muschel weg. Hoffentlich hatte sie nichts gesehen. Danach konnte ich noch weniger einschlafen. Ich versuchte eine Lösung zu finden, aber ich hatte keine Ahnung.

Am nächsten Morgen wachte ich wieder früh auf, Vitray und Rica waren wie immer noch am Schlafen. War ich also doch noch eingeschlafen! Schnell und leise zog ich mich um. Dieses Mal zog ich eine kleine

Umhängetasche über meinen Bikini. Ich hatte sie mitgenommen, falls wir einmal in die Stadt fahren sollten. Ich kramte nach der Muschel. Dieses Mal leuchtete sie nicht so grell. Wahrscheinlich weil zusätzlich die Sonne schien. Ich verstaute sie in der kleinen Tasche und zog den Reißverschluss zu. Dann lief ich nach draußen. Die Sonne stand schon etwas höher und der Himmel hatte ein paar kleine weiße Schäfchenwolken. Als ich die Glastüren der Küche öffnete und nach Cham schaute, war der nicht da. Auch nicht in dem Board-Schuppen.

Es war bereits zehn nach acht und er hatte noch nicht einmal angefangen, dass Frühstück vorzubereiten. Eine kleine Unterstützung könnte Cham nicht schaden. Als ich wieder den Tisch deckte, merkte ich, dass der Boden gar nicht nass gewischt war, wie sonst. Sehr komisch. Als ich mit dem Tisch fertig war, machte ich auch das Tablett mit dem Aufschnitt und den Früchten. Ich versuchte sogar den Orangensaft selber zu pressen. Schließlich war alles fertig. Ich dachte mir, ich könnte schon einmal surfen gehen. Den Snap noch ein bisschen üben. Das heißt, schauen, ob ich ihn wirklich drauf hatte. Also machte ich alles wie üblich: Ich holte mein Board und paddelte schon Mal ein bisschen raus aufs Meer. Doch die Wellen waren dieses Mal nicht so hoch. Als ich eine ganz kleine surfte, auf der man sichtlich keine Tricks machen konnte, sah ich jemanden am Strand. Es war Cham, der wie wild winkte und rief: "Cémie, komm raus!" Schnell paddelte ich zum Strand, eine Welle gab mir von hinten Schwung. „Was ist denn los?", fragte ich rufend. „Der Wind ist heute nicht besonders gut, das wird nichts... Was surfst du eigentlich mit einer Umhängetasche?" „ Da ist mein Handy drin, meine Mum hat gesagt, dass sie mich heute einmal anrufen will und ich das Handy möglichst griff bereit haben soll!", log ich, aber mir fiel auf die Schnelle nichts Besseres ein. Cham lachte. Er ging mit mir mit, das Board wegbringen, dann mit mir in die Küche. Er staunte nicht schlecht, als alles schon fertig auf seine, Platz lag. „Was...hast du?" Ich grinste ihn an und er lachte. „Da lässt man dich einmal aus den Augen, dann deckt die den Tisch und versucht die winzigsten Wellen zu reiten! Ach übrigens. Ich war eben bei Jase und weißt du wie er dich nennt? Er sagt du wärst jetzt deine Schwester!" „Seine Schwester? Wo ist er eigentlich?" „Er ist gerade mit Hellen am

Strand spazieren. Sie müssten jetzt auf dem Rückweg sein. Schau doch mal, ob du sie siehst!" Das war keine so schlechte Idee. Ich lief die Holztreppen herunter, um die Ecke des Hauses und schaute mich um. Da lief eine etwas größere, blonde Frau mit einem kleinen dunkelhäutigen Jungen auf an der Hand. Schnell rannte ich los zu ihnen. Völlig außer Atem kam ich bei ihnen an. „Na, heute Morgen schon so schnell dabei?" begrüßte mich Hellen, „du willst bestimmt zu diesem kleinen Mann hier! Seine Eltern haben wir immer noch nicht gefunden." „Immer noch nicht?"; fragte ich während ich Jase hochnahm. „Nein, wir haben schon alles probiert. Bei der Auskunft angerufen uns bei der Polizei gemeldet. Wir haben sogar Zettel aufgehangen! Nirgendwo wird er vermisst. Einfach behalten könne wir ihn auch nicht." „Warte es ab, vielleicht meldet sich ja noch jemand!" Jase lächelte mich an. „Na Jase?" „Hallo Schwester!", sagte Jase. „Kennst du mich also noch, mein kleiner Held?" Jase lachte und fasste mit seinen kleinen Händchen meine blonden Haarspitzen an. „Weißt du ich muss jetzt wieder zu Cham, gleich gibt es Frühstück, weißt du?" Ich übergab ihn wieder an Hellen. Aber davor gab ich ihm noch einen Schmatzer auf die Wange. Ich verabschiedete mich von Hellen und ging zurück zur Küche.

Da sah ich Wouve, der mir entgegen joggte. „Hi, Cémie!", rief er mir zu. Ich winkte ihm im Vorbeigehen. Dann schaute ich ihm nach. Er wollte zu seiner Mutter um mit ihr zu reden. Ich drehte mich wieder um.

Als ich vor der großen Hütte war, traf ich mit Rica zusammen. „Wieso stehst du nur immer so früh auf!"

"Das ist mein innerer Rhythmus, der weckt mich immer!"
Rica grinste und legte einen Arm um mich. Beim Frühstück hielt Cham zuerst eine Ansprache: "Morgen, Leute. Ihr hättet heute echt länger schlafen können. Wir können nicht besonders gut surfen heute, weil der Wind heute nicht besonders ist. Ihr könnt es ja mal versuchen, aber viel versprechend ist was anderes! Also könnt ihr euch ganz vom Wasser fern halten, zumindest heute" „Heißt dass, wir müssen nicht duschen!", rief Justin und alle lachten. „Das macht ihr doch sowieso nicht, aber Justin, gerade du hättest es echt nötig", scherzte Cham. Während wir aßen fragte

Rica: "Was machen wir denn heute den ganzen Tag?" „Wie wäre es, wenn wir das Volleyballnetz aufbauen. Das lag in so einer Tasche, neben dem Billardtisch!" „Ja, da würden Justin und Till sicher auch mitmachen. Emma und Lilly sowieso. Die sind echte Sportfreaks. Gerade bei Ballspielen!" Ich holte mir noch einen Tee und Rica trank einen Kaba-Kakao. Ich griff nach ein paar Tütchen mit Zucker, die auf einem Untertassenteller lagen und schüttete sie in meinen Tee. Als sie sich aufgelöst hatten, trank ich einen kräftigen Schlug. Sofort stellte ich die Tasse wieder hin, so laut, dass sie krachend auf den Tisch knallte. Alle schauten zu mir, während ich mich räusperte. „Cémie, was ist los?" „Ich hab Salz in meinen Tee geschüttet!", quietschte ich. Alle lachten und auch ich musste grinsen. Wer hatte den schon ahnen können, dass da Salz drinnen war. Ich schaute mir die Verpackung an. Da stand dick schwarz „Salz" drauf. Ich schlug mir mit der flachen Hand über die Stirn.

Nach den Frühstück machten Rica und ich uns auf, dass Netz aufzubauen. Wir trugen zusammen die große, blaue Tasche nach draußen in den Sand ab. „Okay, keine Ahnung, wie man das jetzt aufbaut!", meinte ich, „ich glaube das hier kommt nach unten. Ich hielt ein Stück Pfeiler hoch, mit einer Verankerung an dem einen Ende. „Gut, davon gibt es schon einmal zwei!", stolz zeigte Rica mir das andere. „Und wie vergraben wir die jetzt!", fragte ich. Schnell rannten wir zu Cham und fragte, ob er eine Schaufel dabei hatte. Nett wie er war, half er uns die Pfeiler zu vergraben. Ein Glück, dass er dabei war, alleine hätten wir es niemals geschafft, das ganze Ding zum Stehen zu bringen. Als wir das Netz eingehängt hatten ließ sich Rica erschöpft in den Sand fallen. „Und der Ball?", bemerkte ich. Rica spreizte die Mundwinkel und begann zu lachen. „Was vergessen wir eigentlich noch alles heute!" Wir liefen zum Schuppen und suchten nach Bällen. „Glaubst du wirklich dass die hier sind?", fragte Rica skeptisch. „ Aha, schon gefunden!", rief ich. Ein Haufen anderer Bälle lag in einer Tasche, neben den Surfboards. „Dann können wir ja jetzt endlich anfangen!", rief Rica. Ich warf ihr den Ball zu. „Jetzt will ich sehen, was du drauf hast!" Zusammen liefen wir zurück zu dem Netz. Rica machte den Aufschlag. Der Ball flog in hohem Bogen über das Netz. Schnell lief ich hin und pritschte zurück. Der Ball flog schräg und knapp übers Netz. Rica ließ sich auf die Knie fallen und baggerte den Ball zurück. Ich fing ihn jedoch auf. „Du bist echt gut!", bemerkte ich. „Zu Hause bin ich immerhin in einem Volleyballclub. Los schieß rüber!" Ich warf den Ball in die Luft und schoss ihn herüber. Da kamen Justin und Till zu uns gelaufen. „Da spielen die Hühner Volleyball!", sagte Justin. „Wir dachten, ihr wärt Eier ausbrüten!", rief Till. „Haha!", lachte ich künstlich.

„Traut ihr euch gegen zwei heiße Typen anzutreten?", fragte Justin und küsste seine Muckies. „Würden wir ja, wenn heiße da wären!", Rica steckte den Jungs die Zunge raus. „Wenn wir gewinnen, nimmst du das zurück!", drohte Till. „Kommt doch her und versucht es!", meinte ich trotzig. Rica kam zu mir auf die Seite und die Jungs stellten sich auf der anderen auf. „Kann los gehen", sprach Justin. Rica passte mir den ersten Ball zu und ich spielte ihn übers Netz. Die Jungs machten es anders, Till parierte, spielte zu Justin, lief vor, Justin gab eine Vorlage zu ihm und Till schmetterte übers Netz. Diese Methode war uns zu kompliziert. Ich nahm den Ball an und passte zu Rica. Die klatschte den Ball nur ab, so dass er direkt hinter dem Netz auf den Boden viel, und die Jungs keine Chance hatten ihn zu bekommen. Der erste Punkt ging an uns. Rica und ich klatschten uns ab. „Nicht weinen Jungs." „Oh, freut euch lieber nicht zu früh, sonst weint ihr am Ende noch!", spottete Till mit einem fiesen Grinsen.

Wir spielten noch über eine Stunde, bis wir endlich aufhörten. Mir war ziemlich warm geworden und ich hatte einen ganz trockenen Hals. Die Jungs hatten zwar gewonnen, aber auch nur mit einem Punkt Vorsprung und den hatten sie sich erschummelt durch einen Windstoß. Rica und ich gönnten uns eine Pause und holten uns in der Küche kühle Cola. Die zwei Jungs folgten uns in die Küche. „Nicht traurig sein, Mädels. Ihr könnt jederzeit eine Revanche haben, auch wenn ihr sie nicht gewinnt!", sagte Justin in einem mitleidigen Ton.

„Ist echt süß, dass ihr euch was einbildet, obwohl ihr nur durch einen Windstoß gewonnen habt!", brummte Rica und lachte. „Weißt du, von was die reden Justin?" „Nein, ich habe keine Ahnung, Till?" Ich grinste

Rica an. Typisch Jungs. Da hörten wie draußen jemand rufen. Als wir zum Fenster heraus guckten sahen wir, dass Karlo auf etwas im Meer zeigte und die anderen alle wild angelaufen kamen. „Was ist denn da los?", fragte ich. Sofort stürmten wir zur Tür hinaus und liefen zu den anderen. „Karlo, was ist?", rief Justin. „Ein Hai! Seht ihr da die Spitze im Wasser.!" Doch die Spitze sprang zusammen mit einem Delfinskörper in die Luft. „Man, du Trottel, das ist ein Delfin!", moserte Rica. „Ja jetzt sehe ich es auch, aber gib zu, dass du vorher auch Schiss hattest!", protestierte Karlo.

Rica und ich grinsten uns an. Da sahen wir einen Mann ankommen. „He, die anderen hatten den Vorschlag einmal in die Bar unten in der Stadt zu gehen. Lust einen mit zutrinken Leute?", fragte er. Ich kannte ihn vom sehen, er war Wouves Vater und hieß Peter, so viel ich wusste. Alle jubelten wir wild durcheinander. Peter ging voraus und holte noch die anderen ab. Danach lief er zu einem kleineren Parkplatz, hinter der großen Hütte. Dort stand ein kleiner, weißer mit blauen Blumen beklebter Omnibus. Peter holte seine Schlüssel aus seiner hell olivgrünen Seitentasche seiner knielangen Hose heraus und schloss den Wagen auf. Er öffnete die große Seitentür und ließ uns alle rein. Andy und Wouve drängelten sich sofort nach ganz hinten. Eilen und Vitray folgte ihnen. Rica und ich suchten uns einen Platz weiter vorne. Die Plätze waren bis auf zwei ganz gefüllt. Peter und Hellen setzten sich ans Steuer und auf den Beifahrersitz natürlich. Dann fuhren wir los. Peter machte das Radio an. Gerade lief: "Call me maybe" Rica und ich begannen mit zu singen und winkten wild mit den Armen.

In ca. zehn Minuten standen wir schon auf einem freien Platz vor einer Kneipe. „Island beer" stand in großer, blauer Schrift über dem Eingang. Wir stiegen alle aus und liefen in die Kneipe. Innen drin war es dunkel und es roch nach Qualm. Es war nicht viel los, zwei Männer saßen mit dicken Bierkrügen an einem der Stammestische. Wir setzten uns natürlich an die Bar, die riesengroß war. So groß, dass wir alle mit unseren riesigen Höckern Platz hatten. Auch Peter und Hellen setzten sich. "Peter, mein alter Freund, was machst du mit den ganzen Kids hier?", fragte der Barkeeper. Er war klein und braungebrannt. Hatte kurze weißgraue Haare und trug einen Schnurrbart. Er schien Mitte fünfzig zu sein, war für sein Alter aber unglaublich fit. „Einfach nur ein schöner Abend. Also für uns zwei gibt es ein Bier und die kriegen alle eine Cola!", bestellte Peter. „Ey, was wir wollen auch ein Bier!", rief Justin. „Wenn du älter bist, dann spendiere ich dir ein!", rief Peter. Ich lächelte zu Rica.

Als alle ihre Drinks bekommen hatten, stand Peter auf und sagte: „Also Prost Leute!." Rica stoß ihr Glas an meines an und trank einen Schluck. Später, als wir unsere Gläser leer hatten und ordentlichen Spaß gehabt haben, fuhren wir wieder zum Camp. Es war schon fast dunkel geworden. Laut tuckerte der alte Motor vor sich hin. Ich dachte die ganze Zeit daran ob Hellen wohl Jases Eltern finden würde? Wir mussten echt gut auf ihn aufpassen. Es schien, als hätte er vor gar nichts Angst, schien es mir. Zum Glück war Cham zurück geblieben und passte auf ihn auf.

Als der Bus endlich anhielt und alle ausstiegen, war es schon nach zehn. Wir gingen alle sofort zu den Zelten. Im Zelt war es stockdunkel. Man konnte nichts sehen. Rica versuchte ihre Taschenlampe zu finden. „Wo ist die nur?", fragte Rica. „Ja ist doch ganz klar, der Delfin hat gesehen dass wir weg sind und hatte endlich die Chance deine Lampe zu fressen!" Rica kicherte leise. „Ah, da ist sie ja!", rief sie und holte längliches aus ihrer Tasche, „wo ist hier nur der Knopf? Ah ich glaube das hier ist er!" Rica drückte den Knopf und eine Duftwolke Deo kam uns ins Gesicht. Ich musste husten und lachen gleichzeitig. Rica begann wieder in ihrer Tasche zu kramen. Endlich fand sie ihre Taschenlampe und dieses Mal auch die richtige. „Wenn Vitray eben dabei gewesen wäre. Die hätte bestimmt die Krise gekriegt!", flüsterte ich, während ich mich umzog. - „Das Deo hätte sie aber echt gebrauchen können!" Ich kicherte und schlüpfte unter meine Decke Da ging die Zelttüre auf und Vitray kam herein. Sie schloss die Tür und drehte sich zu uns um. „Cool, das wir noch einen trinken gegangen sind, oder? Auch wenn es nur Cola war" rief sie. „Ja, schleim' dich noch mehr bei ihr ein!", Rica zog die Augenbrauen hoch. „Im Gegensatz zu dir freue ich mich!" - „Wow ja, wir sind in eine Kneipe gegangen!" - „Darf man sich darüber nicht freuen oder wie!" Rica verdrehte nur die Augen und wendete sich ab von Vitray. Ich lächelte Vitray zu und sie lächelte zurück. Ich fragte mich, wer wohl zugelassen hatte, dass die beiden in ein Zimmer kommen! Die würden sich am liebsten doch gegenseitig auffressen! Ich hörte noch, wie Vitray unter ihre Bettdecke kroch und Rica ihre Taschenlampe ausknipste. Danach war alles ruhig. Ich schlief schnell ein. Ich war völlig erschöpft.

Ich träumte von riesigen, aggressiven Haien, die an unserer Küste schwammen. Und Jase, der auf einem Surfboard die Wellen surfte. Hinter der Welle erkannte man den Schatten von einem riesigen Hai. Ich stand am Strand und schaute zu und wollte schreien, doch meine Stimme war weg. Ich wollte zu ihm reden, doch meine Beine bewegten sich nichts. Der Hai schwamm unter das Board und drückte es hoch. Jase kam völlig aus dem Gleichgewicht und viel ins Wasser. Er wollte wegschwimmen, doch einer der Haie schwamm hinter ihm. Er öffnete sein Maul und schnappte mit seinen riesigen, rasierklingenscharfen Zähnen zu. Danach sah ich nur noch blutrotes Wasser. „Jase!", schrie ich und schreckte hoch.

Überall war ich nass. Mir wurde abwechselnd warm und kalt. Mein Herz pochte. Ängstlich schaute ich mich um. Nur scheinheilig konnte ich die Feldbetten von Rica und Vitray erkennen. Ich stand auf und tastete mich leise zur Tür auf. Ganz langsam öffnete ich den Reißverschluss. Schnell schlüpfte ich zur Tür heraus und machte sie anschließend wieder zu. Draußen wehte ein eiskalter Wind, doch das machte mir nichts. Ich ging näher ans Ufer und setzte mich in den Sand. Das Meer war schwarz und spiegelglatt. Ich sah ein paar Sterne, die nicht von den dunklen Wolken bedeckt wurden, auf der Oberfläche glitzern. Der Mond schimmerte noch gerade durch eine graue Wolke durch.

„Kannst du auch nicht schlafen?", fragte mich jemand hinter mir. Ich drehte mich um. Andy setzte sich neben mich. „Ich muss die ganze Zeit an Jase denken", murmelte ich, „alle sagen, dass das unglaublich mutig von mir war, als ich ihm hinterher gesprungen bin. Ich finde das gar nicht. Wenn man bedenkt, dass Jase fast ertrunken wäre, erscheint es einem gar nicht mehr mutig." „Doch, das war aber extrem mutig. Hast du das nicht gesehen? Keiner von den anderen ist ihm hinterher gesprungen!", ich schaute zu ihm herüber, „alle sind begeistert über deinen Mut. Alle außer du. Bist du nicht so ein kleines bisschen Stolz auf dich? Nicht mal ein kleines bisschen?" Ich überlegte eine Zeitlang, bis ich antwortete. „Ich war ja auch die einzige dort, die ihn gesehen hat. Ich hatte doch keine Wahl. Hellen meinte, dass Jase denkt, ich wäre seine Schwester. Was ist, wenn ich versagt hätte, wenn ich es nicht geschafft hätte ihn aus dem Meer zu bringen?" „Dann hättest du zumindest alles versucht!", rief Andy. Ich schaute ihn ernst an. So hatte ich das noch nicht gesehen und so wollte ich es auch gar nicht sehen.

Auf einmal hörten wir ein Krachen aus meinem Zelt. Es hörte sich an, wie wenn etwas aus Glas hingefallen wäre. Ich schaute Andy an. "Was war das?", fragte ich ihn und war schon auf dem Weg zum Zelt. „Hey, wo gehst du denn hin?", fragte er mich. „Ja nachsehen was das war!", rief ich. Schnell öffnete ich die Zelttür und traute meine Augen nicht! Vitray stand vor meinem Feldbett, mit der Taschenlampe auf der Schulter, dass sie mit dem Wangenknochen festhielt. In der einen Hand hielt sie meinen Koffer hoch, mit der anderen hob sie meine Taschenlampe auf, die vermutlich aus dem Koffer gefallen war. Auf dem Boden lagen lauter Glasscherben und mein Bilderrahmen, mit meinem Familienfoto drauf. Das war also das Krachen gewesen. Der Bilderrahmen und die Taschenlampe sind aus dem Koffer gefallen und die Taschenlampe hat das Glas des Bilderrahmens bei dem Aufprall kaputtgeschlagen. „Vitray?", rief ich zu ihr. Rica schlief noch tief und fest. Die konnte scheinbar nichts aufwecken. Als sie mich sah ließ vor Schreck den Koffer auf den Boden fallen. Er fiel um und ein paar meiner Sachen fielen heraus. Auch die silberne Muschel! Sofort hob ich sie auf und steckte sie zurück in meinen Koffer. „Tut mir echt leid, mit dem Bilderrahmen, wenn du willst, besorge ich dir einen neuen!", entschuldigte sie sich. „Schon gut, der wahr sowieso total hässlich!", meinte ich. Ich begann die Scherben aufzusammeln. Vitray bückte ich auch und half mir. „Andy, könntest du los gehen und irgendwo einen Eimer oder so etwas holen?", fragte Vitray ihn. Ich schaute nach hinten. Andy stand an der Tür und hatte uns die ganze Zeit zugesehen. Sofort lief er los und nach ein paar Minuten kam er mit einem Plastikeimer zurück. „Perfekt, dank dir! Geh lieber zurück, bevor sie dich noch erwischen!", flüsterte Vitray. Andy zog den Verschluss zu und machte sich aus dem Staub. „Sind unter dem Bett noch welche?", fragte ich. - "Nein, nichts mehr. Ich glaube, wir haben alle!" Vitray leuchtete den ganzen Boden noch einmal ab, während ich meine Sachen wieder einräumte. „Was hast du hier denn eigentlich gemacht?", fragte ich sie. „Ich... ähm... ich habe eine Kontaktlinse verloren und die ist irgendwo in deine Richtung gefallen. Ich wollte unter deinem Koffer sehen und dann ist alles herausgefallen." „Warum ziehst du auch mitten in der Nacht Kontaktlinsen an?" „Ich habe gesehen, dass du rausgegangen bist und wollte die ein bisschen Gesellschaft leisten. Aber ich kann so schlecht ohne Kontaktlinsen sehen, ich hätte noch nicht einmal den Ausgang gefunden!" Diese Geschichte kam mir jedoch sehr merkwürdig vor, doch ich sagte es nicht. Ich legte mich wieder schlafen, genau wie Vitray. Ich überlegte noch kurz, dann schlief ich ein.

Am nächsten Morgen wurde ich von Rica durch gerüttelt. „Hey, du Schlafmütze aufstehen! Du stehst doch sonst immer so früh auf, nah komm schon!" Ich schaute auf meine Uhr. Es war schon halb neun! Nichts mit noch vorher surfen gehen. Ich packte mir meinen Bikini, Shampoo und Handtuch und lief zur Dusche. In schon weniger als fünfzehn Minuten war ich fertig. Rica wartete draußen auf mich. Zusammen gingen wir zur Küche und setzten uns wieder auf unseren alten Platz. Cham begrüßte uns fröhlich: "Hey Rica, hey Haibezwingerin! Habe dich heute vermisst!" Ich wusste nicht, was ich sagen sollte. Ich konnte ja wohl schlecht sagen: Tut mir leid, aber meine nette Mitbewohnerin hat so einen Krach gemacht, als sie ihre Kontaktlinse verloren hatte, dass ich leider nicht schlafen konnte! Stattdessen lächelte ich ihn nur an und setzte mich mit Rica auf die Bank. Dann kamen die anderen alle auch herein. Auch Vitray. Sie schaute mich an und flüsterte Wouve irgendetwas zu. Er runzelte die Stirn und machte große Augen. Auch ich beobachtete sie ernst. „Hey, was guckst du denn da die ganze Zeit so herüber?", fragte mich Rica. „Rica? Weißt du, ob Vitray Kontaktlinsen benutzt?" -"Vitray? Kontaktlinsen? Die braucht ja noch nicht einmal eine Brille! Wieso?" -"Ach nur so, dass sah gerade so aus!", rief ich schnell.

Nach dem Frühstück gingen Vitray und die Jungs schnell raus. Ich lief ihnen hinterher. „Vitray, Vitray warte!", rief ich. Vitray drehte sich um. „Ich wollte dich nur fragen, ob du noch einen Ersatz an Kontaktlinsen dabei hattest. Die eine hast du bestimmt nicht mehr gefunden!" „Nein, habe ich auch nicht. Ja klar hatte ich noch eins dabei! Für alle Fälle." -"Ja, aber ich gebe dir einen Tipp. Vielleicht hast du deswegen die Tür nicht gefunden, weil deine Kontaktlinsen etwas zu stark sind. Verständlich, wenn man gar keine Brille braucht und auch so gut genug sieht. Also lass sie lieber weg!", rief ich und drehte mich um. Die Ausrede konnte sie sich jetzt endgültig abschminken!

Weiter hinten am Strand sah ich ein weißes Boot aus Holz und Peter, wie er gerade die Paddel einlegte. Noch einmal würde er sie bestimmt nicht vergessen! Cham lief aus der Küche zu ihm herüber und unterhielt sich mit ihm. Ich ging zu den beiden hin. „Was macht ihr denn da schönes?", fragte ich sie.

„Wir fahren die Küste ab und suchen den Hai!", eröffnete Cham.

"Und was wollt ihr mit ihm machen, wenn ihr in gefunden habt?" meinte ich vorahnend.

„Na ja, also wir müssen an die Sicherheit der Surfer und der Urlauber denken. Wir können ihn nicht mit einem Netz einfangen und irgendwo anders hinbringen. Er würde das Netz sofort zerreißen. Wir können ihn auch nicht vortreiben, er hat keine Angst vor uns. Wir könnten ihn zwar mit Ködern weglocken aber wir können dann auch nicht sicher sein, dass er nicht irgendwann wieder zurückkommt. Er lässt uns keine Wahl!", meinte Peter. Natürlich war ich fassungslos, aber Peter hatte Recht. Peter und Cham schoben das Boot ins Wasser und kletterten rein.

Peter machte sich dran, den Motor anzuwerfen. „Und wenn ihr ihn gar nicht findet?", viel mir plötzlich ein. „Das werden wir!", rief Cham und sauste mit dem lauten Motor davon. Ich schaute ihnen noch ein bisschen nach. Dann rannte ich zurück in die Küche, wo Rica, Emma und Lilly noch immer saßen. „Leute! Peter und Cham sind mit dem Bot raus!", rief ich aufgeregt ihnen zu. „Ja na und?", fragte Rica mich. -„Sie wollen den Hai töten!" „Was?!", schrie Rica. „Das können sie doch nicht im ernst machen!" argwöhnte Emma. „Ja doch schon!", ich erzählte ihnen von den Argumenten, die Peter mir genannt hatte. Emma biss sich auf die Lippe. „Tiermörder!" Nach ein paar Sekunden stand Rica auf. „Am besten wir denken erst gar nicht darüber nach!", erwiderte sie, „solange die Jungs den Hai nicht gefunden haben, werde ich jedenfalls nicht ins Wasser gehen!

Also Cémie, Lust auf eine Runde Federball?" „Eine Runde!", ich mahnte mit dem Zeigefinger. Rica wusste, dass Federball wohl einer meiner schlechteren Ballspielarten war! Doch umso mehr freute sie sich, dass ich doch mitmachte. Als wir rausgingen und auf dem Weg zum Schuppen waren bedeutete Rica: "Hey, dass mit Vitray vorhin, dass war echt stark!" Ich blieb stehen. „Du hast es gehört?" -"Ja klar. Nur, was meintest du mit Kontaktlinse verloren?" - "Ach, gestern ist Vitray mitten in der Nacht hingefallen und ich bin aufgewacht. Sie hat gesagt, sie hätte ihre Kontaktlinse gesucht, obwohl ich dass nicht glaube!" „Ach, da musst du dir keinen Kopf machen. Vitray hat ständig irgendwelche super wichtige Geheimnisse!" „Ach wirklich?" - "Ja, die flüstert sie dann immer ganz heimlich den Jungs zu! Die will doch bloß angeben. Das blöde ist nur dass die Jungs dann auch noch mitspielen!" „Bestimmte Jungs?" - "Ja, ihre Gang da, Wouve, Andy, Eilen! Kennst'e doch! Ich will auch gar nicht wissen, was die denen immer zu labert!" Deswegen hat sie also die ganze Zeit mit den Jungs geflüstert, dachte ich, obwohl das keine richtige Erklärung war.

Wir waren in der Zwischenzeit beim Schuppen angekommen. Rica kramte in der Tasche mit den Bällen. „Also hier sind schon einmal die Schläger, hältst du mal kurz", ich nahm ihr zwei Schläger aus der Hand, „danke. Nur wo sind jetzt die Belle?" Rica kramte wie verrückt in allen Ecken der Tasche. Ich ließ meine Blicke über die Regale schweifen und entdeckte eine durchsichtige Plastikbox mit einem blauen, grünen und einem pinken Federball. Ich nahm sie von Regal und tippte Rica auf die Schulter. „Suchst du vielleicht die hier?" Rica stand auf und lächelte zufrieden. Ich nahm den grünen aus der Packung und legte sie wieder zurück. Ich gab ihr einen Schläger zurück und ging gerade aus, auf eine freie, was ebenerdige Sandfläche. Dann nahm ich Abstand von Rica, warf den Ball in die Höhe und holte mit dem Schläger weit aus. Danach ging das Spiel hin und her. Der Ball fiel zwar ein paar Mal runter, aber das war, wie Till und Justin so schön meinten, bestimmt bloß ein Windstoß gewesen. Auf einmal packte jemand ganz fest meine Schulten und rief: "Buh!" Ich zuckte zusammen. Es war Andy. „Na habe ich dich erschreckt?" Ich gab ihm einen leichten Schlag mit der Faust auf die Schulter. „Hey, kommst du nachher mit zu den Klippen?" - „Warum sollte ich mit Vitray dahin gehen?" -"Komm einfach, okay. Ich verspreche dir, du wirst es nicht bereuen!" „Und wenn doch?" „Dann darfst du mich aus kitzeln, solange du willst! Also, wir sehen uns nachher!"

Ich schaute Andy lächelnd hinter her. Als ich mich umdrehte schaute ich in ein fassungsloses, aber ernstes Gesicht. „Warum machst du das?" „Du hast doch gehört, wenn ich es bereue, darf ich ihn aus kitzeln. Das lohnt sich doch oder?" Rica kicherte. „Du bist unmöglich!", rief sie und ich lachte. Wir spielten noch ein paar Runden, bis Rica sich meldete: "Hey, ich glaube du musst los. Die sind gerade auf der Klippe angekommen!" Ich schaute mich um.

Die drei Jungs, faul wie sie waren, setzten sich sofort hin. Rica hielt Aussicht aufs Meer, drehte sich dann aber um und redete mit ihnen. „Räumst du den für mich weg?", fragte ich Rica und drückte ihr den Schläger in die Hand. „Ja klar, Rica die Müllabfuhr", rief sie mir mit einem Lachen noch zu, während ich mich umdrehte und auf den Weg machte. „Viel Spaß!"

Schnell joggte ich den langen weißen Sandstrand entlang und flitze die Mauer aus verschieden großen Steinen hoch. Als ich oben ankam, begrüßte mich Andy: "Ah, bist also doch gekommen!" „Ich würde mich nicht zu früh freuen, auf dich wartet eine schöne Kitzelfolter!" Ich setzte mich neben Vitray. Sie kramte in der Hosentasche ihrer extrem kurzen Jeans. Es schien mehr eine Unterhose zu sein. Darüber hatte sie, wie immer ihren schwarzen Bikini an. Aber was sie aus ihrer Hosentasche holte, brachte mich richtig uns Staunen. Sie hielt meine silberne Muschel in der Hand. Sie nahm meine Hand und gab mir die Muschel. „Warum habt ihr sie?", fragte ich. „Was sie?", fragte Vitray. -"Ja die Muschel?" -

"Glaubst du das, dass sie eine Muschel ist?" Ich schaute sie an. Was sollte es denn sonst sein, dachte ich. - "Woher wisst ihr davon?", fragte ich stattdessen. - „Wir ahnten schon, dass du eine hast. Aber, weil wir es nur ahnten, war ich so frei, gestern nachzuschauen. Nur leider habe ich etwas zu viel Krach gemacht!" Mir fielen fast die Augen aus dem Kopf. Danach hatte Vitray also in meiner Tasche gesucht, aber...wieso nach einer Muschel? „Woher ahntet ihr denn das?" Ich hatte keine Ahnung, worauf die vier aus waren. Dann meldete Wouve sich zu Wort:" Diese... Muschel, wie du sie nennst ist eigentlich eine Art Kompass. Man bekommt sie nur unter ganz seltenen Umständen, nämlich, wenn man bereit dazu ist, seine größte Angst zu bekämpfen. Du sagtest uns ja schon, dass du Angst vor dem Klippen springen hast, oder eher gesagt, dass du dir weh tust. Als wir gehört haben, dass du eine heruntergesprungen bist, um Jase zu retten, wussten wir schon, dass du einen bekommen würdest. Wir waren uns nur nicht ganz sicher, ob du ihn auch gefunden hast. Wir wissen dass, weil wir selber einen Kompass haben. Alle bis auf Andy..."

Jetzt wurde mir so einiges klar. Warum Andy es so schlimm fand, dass er Angst vor Morden hatte. Wahrscheinlich fand er es gar nicht so schlimm, nur, dass es so schwer zu bekämpfen war. "Und, was nützt dieser Kompass jetzt?" Wouve machte eine winkende Handbewegung. Ich gab ihm den Kompass in die Hand. Er öffnete die obere Muschelhälfte. Sofort fuhren drei kleine Drehrädchen aus den Seiten heraus. Wouve zeigte mir ihn von Innen. Auf der unteren Muschelhälfte waren drei Pfeile mit verschieden förmigen Spitzen. Ein Stern, ein Blitz und eine Wolke. Darunter war ein kleiner, mit Schnörkeln verzierter, schwarzer Kasten. Rund um den Kompass war eine Skala von 0-100. Bei jeder zehnten Zahl war ein Symbol darunter. Bei 10 zum Beispiel war eine Nadel und ein Blut tropfender Finger darunter und bei 100 war ein Schädel.

„Was heißt dass alles?" „Also, dieser Kompass ist dazu da, die größte Angst in uns besser zu bekämpfen. Aber dafür musst du erst einmal bereit sein, sie zu bekämpfen! Mit diesen Rädchen an der Seite, kannst du die Zeiger bewegen. Wenn du genau hinguckst ist das Symbol der Pfeilspitzen auch auf den Rädchen abgebildet. Sobald du einen der Zeiger bewegst wird hier in diesem schwarzen Kasten die Umgebung aus deiner Sicht gezeigt, ähnlich, wie wenn du eine Kamera vor dich hältst und aufs Display schaust. Wenn du mit dem Pfeil auf etwas vor dir zeigst wird es auf dem Display Gold umrandet. So kannst du sehen, welches Objekt du ausgewählt hast. Mit dem Sternenpfeil kannst du jetzt jemanden die Angst vor Schmerzen entziehen. Mit dem Wolkenpfeil kannst du umgekehrt Schmerz jemandem hinzufügen. Mit dem Blitzpfeil kannst du auf dieser Hunderterskala am Rand festlegen, wie groß die Schmerzen sein sollen. Aber ich rate dir, wenn du den Kompass benutzt, dann Weise. Und am besten auch nur den Sternenpfeil! Du hast mit Abstand den stärksten Kompass von uns allen, wenn ich das mal sagen darf!" Wouve gab mir den Kompass zurück. Ich schaute ihn mir noch einmal genau an.

„Und der Totenkopf bei der Hundert, der steht für....", ich traute mich nicht es auszusprechen. „Der steht für Tot!", beendete Vitray den Satz. „Ich kann damit wirklich jemanden umbringen?" „Ja, klar. Aber mach es bloß nicht, nur weil du es kannst!", mahnte Wouve. Ich schüttelte angewidert den Kopf.

„Hey, aber was noch viel wichtiger ist, als was du mit dem Kompass machst, du darfst niemandem davon erzählen, okay? Das ist streng geheim. Stell dir vor, wenn alle davon wüsste, würde sich alle um diesen Kompass reißen. Und wenn sie ihn erst mal hätten, dann würden sie jeden vernichten, der nicht dass tut, was sie wollen. Die Welt wäre ein einziges Chaos! Also bitte!"

Nickend drehte ich den Kompass um und fuhr über die Rückseite. „Das Ding hat ja gar keine Batterien?"

„Braucht es auch nicht. Der Kompass nimmt seine Energie nur aus deiner Angst und deswegen kann ihn auch eigentlich niemand anders benutzen!", meinte Eilen. „Aber das wissen wir nicht genau, vielleicht hat deine Angst auch eine Fernwirkung. Daher pass auf!"

Dann sagte niemand mehr was. Nur das rauschen vom Meer war zu hören. Der Sonnen-Feuerball stand schon tief und das Abendrot leuchtete uns an.

4. Glitzernde Kristalle

Als ich später zurück zu Rica gingen, blieben die anderen noch dort. Vitray meinte, dass es zu auffällig wäre, wenn ich den Kompass einfach so mit mir herum tragen würde. Sie würde ihn mir später zurück bringen. Ich hingegen konnte nicht an so etwas glauben. Dieses kleine Ding sollte wirklich in der Lage sein jemanden umzubringen? Unmöglich, das konnte nicht sein! Am liebsten würde ich glauben, dass die mir irgendein schönes Märchen erzählt hatten. Aber ich hatte es selber gesehen. Er war echt gut konstruiert, für alle Fälle. Aber trotzdem konnte ich das nicht wirklich glauben. Mit einem zerknirschten Gesicht, dass wohl er danach aussah, in eine Zitrone gebissen zu haben, kam ich bei Rica an. Sie war ins Zelt gegangen und las ihr Buch weiter. Ich ließ mich auf mein Bett plumpsen. Rica schaute mich an und zog die Augenbrauen weit nach oben, als ob sie sagen wollte, was los war. Ich sagte es ihr jedoch nicht, sondern guckte den Boden an. „Habe ich es mir doch gleich gedacht!", rief sie. „Was?", fragte ich. „Na dass die dich jetzt um den Finger gewickelt haben. Viel Spaß in der Gang!", Rica verdrehte die Augen. „Ich bin nicht in der ihrer Gang!" - "Ja jetzt noch nicht, aber du wirst noch! Erst sind alle total nett zu dir, dann erzählen sie dir ihre Geheimnisse. Pass auf nächste Woche gehörst du zu denen!" - "Gut, dass kann ja sein! Aber das hätte einen ganz anderen Grund, nicht weil sie mich um den Finger wickeln!" - "Und der Grund wäre?", ich jedoch blieb still, „muss ja echt was großes sein, dass du es noch nicht einmal mir erzählst! Oder du findest es cool, dass ich es nicht weiß! Na los, geh doch zu deinen neuen Freunden!" -"Rica stopp, stopp. Stopp! Wer sagt denn, dass ich jetzt zu denen gehe?" -"Das hast du eben selber gesagt!" - "Ich hab lediglich nur gesagt, dass WENN es einen anderen Grund hätte. Aber ich gehe nicht zu denen, nur weil ich ein kleines Geheimnis von denen weiß! Komm schon Rica, ich finde dich tausendmal netter, als die!" „Echt?", auf Ricas Gesicht breitete sich ein großes Lächeln aus. Sie stand auf und setzte sich zu mir aufs Bett. Sie drückte sich an mich, taste mit der einen Hand nach meinem Kopfkissen und warf es mir auf den Kopf. „Du!", rief ich und kitzelte ihr den Bauch aus. Wir gackerten wie die Hühner.

Da kam Vitray herein und schaute ungläubig zu Rica. Ich wusste was sie meinte. Sie konnte ja schlecht den Kompass verstecken, wenn Rica noch drin war. „Du... Rica, wie wäre es wenn wir noch mal eine Runde Federball spielen. Ich habe gerade irgendwie voll Lust drauf, und das muss was heißen!" Rica guckte zwar komisch, aber ich ignorierte das und zog sie mit nach draußen. „Was war das den für eine Aktion!", knurrte Rica zu mir. Ich ließ sie los und drehte mich um. „Ich glaube mal Vitray gefällt es nicht sonderlich, dass ich immer noch mit dir abhänge, aber das macht mir nichts!"

„Hey weißt du, ich will kein Federball spielen, okay?"
"Und was willst du dann machen?" -
"Komm mit!" Rica lief zu der Hütte und ging die Türe zum Gemeinschaftsraum hinein.

Dort saßen noch so drei gackernde Hühner auf dem Sofa. Natürlich Bell, Emma und Lilly. Rica setzte sich dazu und begann übertrieben freundlich mit ihnen zu reden und zu lachen. Ich wusste, dass sie mir zeigen wollte, dass sie auch genug andere Freunde zum Spaß haben hatte. Ich beschloss lieber zu gehen. Sollte sie doch ihren Spaß mit denen haben. Sie durfte natürlich was mit den anderen machen, nur ich nicht. Ich schloss die Tür hinter mir zu und trottete in Gedanken versunken über den warmen Strand. Da hörte ich ein knatterndes Geräusch. Ich schaute hoch.

Tatsächlich war es der Motor des weißen Holzboots. „Hat der Tank dieses Mal gereicht!", fragte ich, als ich rüber ging. „Ja, gerade dann, wenn wir extra noch an die Paddel gedacht hatten!", meinte Cham lachend. Sie schoben das Boot an Land. Ich schaute ins Boot und schlug die Hand vor den Mund. Ich traute mich gar nicht zu atmen, so erschreckt hatte ich mich. In dem Boot lag ein mindestens drei Meter großer Hai. Ein weißer Hai bemerkte ich. Seine Augen waren zwar auf mich gerichtet, doch sie bewegten sich nicht. An seiner Kehle hatte er ein kleines Loch, aus dem ein bisschen Blut tropfte. Das Maul mit den scharfen Zähnen war weit geöffnet. „Diese Schwanzflosse kenne ich doch!", meinte ich immer noch schockiert. „Ja, das ist er. Cham hat ihn mit ein paar blutigen Steaks angelockt. Als er zu biss habe ich diesen Haken in seine Kehle gedrückt und ihn solange über Wasser gehalten, bis er keine Luft mehr bekam!", erzählte Peter. Ich schluckte kräftig. „Wir verkaufen ihn jetzt an eine Fischmetzgerei. Du willst nicht mitkommen oder?", fragte Peter.

Zitterig legte ich eine Hand auf den Rücken des Hais. „Mach es gut Kumpel!", sagte ich zu ihm und nahm meine Hand wieder weg. „Haha, ich glaube du bleibst lieber hier! Los Cham, pack einmal mit an!" Zusammen hoben sie das riesen Ding aus dem Boot und schleppten es mit verschmerztem Gesicht zum Parkplatz und in den Bus. „Der ist ganz schön schwer. Hättest uns ruhig einen Gefallen tun und vorher ein bisschen Abnehmen können, Dickerchen!", presste Peter aus seinen Stimmbändern. Ich ging noch mit ihnen bis zum Bus mit und öffnete ihnen die seitliche Schiebetür. „Ach, Cémie, könntest du noch die silberne Plane aus dem Kofferraum holen, und darunter legen, sei so gut!", bat Peter. Ich ging nach hinten und öffnete den Kofferraum. Dort drinnen lag, wie Peter es gesagt hatte, eine zusammengefaltete Aluplane Die nahm ich heraus, machte sie auf und legte sie auf den Boden des Omnibus. Dann ging ich nach hinten und machte den Kofferraum zu, während die zwei Starken das große Monster in den Wagen legten. „Hier zwischen den Sitzen wird er nicht herumgeschleudert", meinte Cham. Peter klopfte mir zum Abschied auf die Schultern. Danach stiegen sie ein und fuhren los. Ich lief zurück zum Camp.

In der Küche holte ich mir aus einem Korb einen Apfel und biss wütend rein. Da kamen Vitray und die Jungs. Als Vitray mein verärgertes Gesicht sah, stellte sie sich neben mich. „Was ist denn los, Maus?", fragte sie mitfühlend. - „Rica hat mich eben voll runter gezogen! Nur, weil ich ihr das Geheimnis nicht erzählen wollte. Dann meinte sie, sie will nicht, dass ich zu euch gehöre und oben drauf hat sie noch vor mir super angegeben, wie gut sie sich mit Emma und den anderen versteht!" „Ach, pfeif doch auf die! Das ist doch keine Freundin. Und du solltest jetzt nicht zimperlich nachgeben. Hänge mit uns ab. Dann brauchst du nicht so geheimnisvoll zu tun und du hast echt Spaß. Wir machen interessantere Dinge als Federball zu spielen!" „Weißt du was, du hast recht, ich mein warum sollte ich ihr auch hinterherlaufen? Das will sie doch nur!", meinte ich entschlossen. „Eben", stimmte Vitray zu.

Mit einem zufriedenen Lächeln legte sie einen Arm um mich und wir gingen mit den Jungs zusammen nach draußen. „Hey Jungs, lauft ihr doch schon einmal vor, wir holen noch etwas bestimmtes!", rief sie ihnen zu und lief mit mir zu unserem Zelt. „Hast du irgendetwas wo du ihn rein tun kannst?" -"Ich habe diese Umhängetasche!" - "Perfekt, okay ich habe ihn unter deiner Hose versteckt!" Ich öffnete meinen Koffer und hob die Hose mit der einen Hand hoch. Mit der anderen holte ich den Kompass und schloss den Koffer wieder zu. Meine Umhängetasche war neben dem Koffer, falls ich sie einmal dringend brauchte. Ich schnallte sie mir um und verstaute den Kompass. Dann liefen wir zu der Klippe.

Als wir ankamen sagte Eilen: „Na, musstet ihr euch noch schminken?" „Idiot!", rief Vitray lachend. Ich setzte mich neben Vitray. Die kramte wieder einmal in ihrer Hosentasche. Dieses Mal war die Hose dunkelblau und etwas länger. Aber über die Knie ging sie immer noch nicht. Sie holte einen Kompass heraus. Der sah fast genauso aus wie meiner. „Das ist meiner!" Sie reichte ihn mir. Ich öffnete ihn. Ihrer hatte auch dieselben Pfeile und den kleinen schwarzen Kasten als Display. Nur ihre Skala war anders. Dort wo bei mir die 25 stand war bei ihr eine eins und darunter eine senkrechte Wellenlinie. Bei 50 stand eine 2 und darunter zwei senkrechte Wellenlinien und bei 100 war eine Qualle abgebildet und darüber stand „gesamt".

„Hast du Angst vor Quallen?" Vitray nickte. „Wie hast du ihn bekommen?"

„Bei mir zu Hause gab es eine coole Jungs Gang. Ich wusste noch nichts von den Kompassen. Die drei Jungs kannte ich auch noch nicht. Die Jungs nannten sich Totenköpfe, jedes Mitglied hatte eine kleine Lederkette, mit einem Anhänger als Schädel. Ich wollte unbedingt in diese Gang. Einmal fuhren sie mit mir mit einem kleinen Schlauchboot heraus. Sie wussten, dass ich panische Angst vor Quallen hatte. Sie ließen die Kette, die für mich war, an einer Stelle in das Meer fallen. Dort war es nicht tief, aber bisher waren immer Quallen dort gewesen. Sie sagten, sobald ich die Kette in der Hand halten würde, würde ich dazu gehören.

Du kannst dir vermutlich denken, was passiert war?"

„Du bist rein gesprungen und hast sie geholt?"

„Ja, genau. Es waren ein paar Quallen dar, zum Glück nicht viele. Ich bin auf den ca. zwei Meter tiefen Grund getaucht und habe die Kette geholt. Alles lief super, doch als ich auftauchte erwischte ein Tentakel mein Bein. Es hat so höllisch gebrannt, ich hätte am liebsten geschrieen. Doch vor den Anderen tat ich das natürlich nicht. Die Verbrennung an meinem Bein kümmerte sie auch nicht!", Vitray zeigte mir eine lange, dünne, rote Narbe an ihrem rechten Fußknöchel.

Ich konnte mir gut vorstellen, wie sehr das wehgetan hatte. „Und bist du zu dann bei denen geblieben?" „Anfangs ja, aber irgendwann habe ich gemerkt, dass es gar nicht so toll war, wie ich dachte. Ich bin dann nach drei Wochen wieder ausgeschieden! War eh nur Kinderkram, wie alt war ich da, neun höchstens! Ich war dann viele Monate alleine. Ich bin immer wieder an die Stelle gegangen und hab dann dort den Kompass gefunden. Am Anfang dachte ich auch, dass es eine Muschel war. Dann habe ich ein paar Mal dran rumprobiert und herausgefunden, was er eigentlich ist. Als ich zum ersten Mal hier war hatte Eilen seinen noch nicht. Und weißt du, wo er ihn bekommen hat? Genau an der gleichen Stelle wie du. Eilen hat nämlich Höhenangst, weißt du? Aber als er mit uns von der Klippe gesprungen ist, hatte er die Angst schon ein bisschen überwunden. Dann entdeckte er diese Muschel und fragte uns was das ist. Von da an wusste ich, dass Wouve auch einen hatte. Er hatte ihn nämlich Eilen erklärt und ihm seinen gezeigt!" „Wovor hat Wouve denn Angst?" „Das errätst du nie!", rief Vitray. Wouve holte seinen ebenfalls aus seiner Hosentasche und drückte ihn mir in die Hand. Ich öffnete ihn. Bei der Skala 100 war ein langer Zahn sowie ein gelber Tropfen abgebildet. Bei 50 eine Schlange, die sich um einen Ast wickelte. „Du hast Angst vor...Schlangen?", fragte ich überrascht. Wouve nickte. Jetzt war ich baff! „Kann da eigentlich etwas passieren, wenn man den benutzt?" „Wissen wir auch nicht so genau, bisher haben wir sie kaum benutzt!", meinte Wouve. „Ganz ohne ist das sicher auch nicht."

„Armer Andy, wir alle haben einen nur er nicht!", Eilen klopfte Andy auf

die Schulter. „Ich wüsste auch nicht, wie er ihn bekommen sollte!",
überlegte Wouve laut. Vitray stand auf: „Also, wer hat Bock zu springen?"
Ich stand auf und Vitray nahm lächelnd meine Hand. „Auf drei eine
Arschbombe!", erklärte sie, „Eins, zwei und drei!" Wir sprangen ab und
zogen die Knie an die Brust. Als wir unten im Wasser aufkamen spritzte
das Wasser die ganze Klippe hoch. Selbst die Jungs oben bekamen ein
paar Spritzer ab! „Andy, ich glaube da sind zwei Nilpferde herunter
gefallen!" rief Wouve laut aus und Andy lachte mit ihm laut mit.

Vitray und ich rannten aus dem Wasser und kletterten zurück auf die
Klippe. Dann ging sie auf Wouve von hinten los und versuchte ihm den
Bauch aus zu kitzeln. „Nilpferde?" Doch Wouve packte ihre Beine und
nahm sie Huckepack. „Hey, Wouve, lass mich sofort runter!", schrie
Vitray und trommelte ihm auf den Kopf. Wouve jedoch nahm Anlauf und
sprang samt Vitray herunter, die schrie, als hätte sie einen Geist gesehen!"
Andy und Eilen jubelten laut und Andy zeigte mir die flache Hand. Ich
schlug ein und schaute die Klippe herunter. Gerade war Vitray
aufgetaucht und versuchte sich an Wouve zu rächen in dem sie versuchte
ihn zu tunken. Wouves Kopf verschwand unter den Wellen und Vitray
machte sich schon auf aus dem Wasser zu steigen. Doch Wouve packte
unter Wasser ihr Bein und zog daran. Vitray machte einen ordentlichen
Bauchplatscher. Während die zwei unten sich nassspritzen, setzte ich mich
wieder zu den Jungs.

„Hey, ich habe eine Idee!", meinte Eilen auf einmal. Er holte seinen
Kompass und klappte ihn auf. „Was machst du denn?", fragte ich ihn.
„Wirst du gleich sehen!". Als Vitray und Wouve endgültig aus dem
Wasser waren. und Vitray dabei war die Felsenmauer hoch zu klettern,
richtete Eilen den Wolkenpfeil auf Vitray und stellte mit dem Blitz 50 ein.
Er aktivierte den Pfeil, in dem er das Drehrädchen mit der Wolke wieder
in eindrückte. Vitray hatte so einen Schock, bekommen, dass sie los ließ
und unsanft auf den Boden knallte. „Eilen!", rief sie wütend. Die drei
Jungs hingegen vielen vor Lachen fast um. Ich konnte es mir gerade noch
so verkneifen. Da hatte der Eilen Vitray, als sie noch am Klettern war,
einen Schuss Höhenangst verpasst! Als Vitray und Wouve oben ankamen,

stand Eilen schnell auf und versteckte sich hinter Andy. Vitray jedoch hatte keine Lust mehr noch einen Jungen zu verdroschen! Sie ließ sich neben mich plumpsen. Sie rieb sich ihren Rücken und ich platze fast vor Lachen. „Was gibt es denn da zu lachen?", doch Vitray musste selber loslachen. „Sagt ihr mir noch mal, dass ihr die Teile nie benutzt!", rief ich. „Eilen benutzt sie ja auch nicht. Er missbraucht sie!" Die Jungs und ich prusteten gleichzeitig los. Auch Vitray zeigte ihre Zähne.

„Und, wer hat Bock auf Surfen?", fragte Andy die Runde. „Ja, komm, wir sind seid gestern nicht mehr gesurft, außer Cémie!", rief Eilen. „Ja los kommt!", meinte Wouve. Alle standen auf und warteten an der Steinmauer, bis alle herunter geklettert waren. Dann liefen wir wie immer, wenn wir surfen wollten zu dem kleinen Schuppen neben der großen Hütte. Jeder schnappte sich ein mittelgroßes Board und ab in die Wellen.

„Jungs, dann zeigen wir den Mädchen mal, wie das geht!", meinte Wouve und streckte Vitray die Zunge heraus. Die Jungs paddelten los und surften alle in einer Reihe hinterher. Wouve ganz vorne an der Spitze. Wenn er einen Sprung, also einen Arial machte, machten die anderen zwei dass nach einander nach. „Sieht schon ganz gut aus, für eine Entenmutter mit zwei Küken!", reif ich ihnen zu. Vitray schmiss sich vor lachen vom Board. Als die Jungs wieder zu uns kamen meinte Eilen: „Macht es ihr doch besser!" Vitray schaute mich vielversprechend an. „Na komm schon, Cémie, den zeigen wir es!" Sie sattelte von ihrem Board auf meines hinter mich um. Jetzt waren wir schon zwei auf dem kleinen Board. „Hauptsache, wir bleiben immer schön synchron! Dann können die uns nie im Leben toppen!" Und schon paddelten wir der ersten Welle entgegen. Wir surften alles mögliche Threesixty, Schlangenlinien rauf und runter und immer blieben wir zusammen auf dem Board stehen. „Na, traust du dich auch an einen Snap ran?", fragte Vitray. „Ist das Board dafür nicht etwas zu klein?", rief ich nach hinten. „Ach was, komm, wenn wir das schaffen sind wir Könige der Wellen, dass sage ich dir!" „Ist das nicht schon Leonardo DiCaprio?", ich lächelte nach hinten. „Hey, umdrehen und sehen wo du hinfährst!", mahnte Vitray fröhlich. Wir nahmen Schwung, gingen in die Knie... "Und... jetzt!", gab Vitray das

Kommando und beide drehten wir unseren Körper neunzig Grad. Der Snap klappte. Langsam drehte ich mich zu Vitray um und klatschte ihr in die flache Hand. Es war ganz schön schwierig rückwärts zu surfen. Dann tauchten wir beide vom Board ins Wasser ein und ließen das Board auf der Wasseroberfläche zurück. „Na, gebt ihr euch geschlagen?", fragte Vitray, als sie auf Wouves Board hintendrauf kletterte. Ich schwamm auch zurück zu den Jungs, die immer noch auf den Boards saßen.

Andy reichte mir seine Hand. „Na los, komm rauf!" „Niemals geben wir auf!", rief Wouve entschlossen. „Hoffnung ist in diesem Fall echter Selbstmord, denn das könnt ihr nicht toppen!", meinte ich. „Na los Jungs!", Wouve winkte sie her. Zu dritt stiegen sie nun auf das Board. Wouve und Andy mussten sich schon auf die Boardspitzen hocken! Zu dritt paddelten sie nun auf eine Welle zu. Ein Wunder, dass sie es schafften, alle samt aufzustehen. Wouve jubelte laut und rief laut: „Da staunt ihr was?" Doch die Welle rollte sich schon ein und die Jungs mit. Sie wurden völlig von der Gischt vom Board gespült. Ich musste so lachen, dass ich mich vor Bauchkrämpfen auf mein Board legen musste. Als die Jungs an der Oberfläche sich wieder auf ihr Board retteten und sie sahen, wie wir immer noch lachten, tauchten Wouve unter unser Board und kippte es um. Mit einem lauten Platscher landeten wir im Wasser.

Als wir genug vom surfen hatten und beschlossen einmal im Gemeinschaftsraum vorbei zuschauen. Dort entdeckte Eilen eine Kiste. „Hey, Leute, das müsst ihr euch an sehen!" Wir kamen zu ihm herüber und schauten in die Kiste. Lauter bunter Sprühdosen waren in dem Karton! „Hatten die hier mal einen Graffitikurs?", fragte ich. Alle vier prusteten los. „Was kann doch sein!", verteidigte ich mich. Da öffnete sich die Tür und Cham kam herein. „Ah, da sind ja welche. Hey, gerade ist eine Lieferung mit ein paar super coolen Surfboards gekommen. Lust sie mal auszuprobieren?" Ich und Vitray schauten uns begeistert an. Wouve war der erste, der herausstürmte. Wir rannten ihm hinterher. Auf dem kleinen Parkplatz stand ein kleiner, weißer Lkw, der die Luke offen hatte und schon die ersten Boards von der Befestigung abmachte. Als er das Plastikband durchgeschnitten hatte, schnappte jeder von uns sich ein

Board. Sie waren schwarz und weiß und hatten coole Muster drauf. Skateboards, Palmen, Wellen, Peacezeichen, Blumen, Neonfarbkleckse, alles Mögliche. Sie sahen alle wirklich cool aus.

Sofort schossen wir los zurück ins Meer. Wir rockten die Wellen, flink und schnell. Ich bekam sogar zwei Snaps hintereinander hin. Wouve war echt ein heißer Surfer. Ein Kunststück nach dem anderen. Die anderen waren natürlich auch wie echte Profis, nur Wouve war mit Abstand der beste.

Doch als es Eilen einmal richtig vom Board haute und sein Board von den Wellen in die tiefe gerissen wurde, tauchte es zerbrochen in zwei Teilen wieder auf dem Wasser. Eilen krallte sich die Finger in die kurzen Haare und rief laut: „Fuck! Scheiße man, und was jetzt?" Alle überlegten scharf. „Ich habe eine Idee!", sagte Wouve schnell. Wir holten uns die kaputten Boardteile und machten uns auf zum Strand. Danach nahmen wir uns ein ungefähr gleichgroßes, weißes Board und nahmen es mit in den Gemeinschaftsraum. Schnell holte Eilen sich die Kiste mit den Sprühdosen und begann das Motiv des kaputten Surfboards nachzumachen. Er machte das richtig gut, zuerst machte er das Board ganz schwarz. Danach kamen die Graffitischriften, wie „Q´King of Waves" oder „Surfing" darauf. Danach sprühte er noch verschiedene Neonfarben drauf. Wie gesagt ein paar Surfboards, oben eine Palme und so weiter. Am Ende sah es fast richtig gleich aus. Cham würde das bestimmt nicht merken. „Und wohin jetzt mit den alten Teilen?" „Beim Lagerfeuer können wir sie jedenfalls nicht verbrennen, das würde man sehen und in unseren Zelten können wir sie auch nicht verstecken! Cham braucht dort nur einmal hinein zu sehen und schon hat er uns!", sagte Vitray dazu. „Was macht ihr euch da alle so einen Kopf. Wir schmeißen die Teile einfach oben bei der Klippe in den kleinen Dschungel! Da findet die so leicht keiner und selbst wenn, weiß der des doch nicht, wer des war!", meinte Wouve. „Und außerdem hat er einen super guten Ersatz", rief ich, „nur, was machen wir mit dem Boden, der ist doch voll bunt?" In all der Eile hatten wir vergessen Zeitungen unter das Board zu legen. Jetzt war der Boden voller Sprühfarbe. Vitray versuchte es mit nassen Tüchern weg zu schrubben, doch das machte es nur noch schlimmer. Da kam mir eine Idee. Ich schob den weichen Teppich, der vor dem Sofa gelegen hatte einfach über die Farbe. „Was da unten drunter sonst so ist, will doch eh niemand wissen!", sagte ich. Die anderen waren sichtlich erleichtert und Vitray legte einen Arm um mich. Zusammen gingen wir heraus und taten so, als ob wir gerade erst aus dem Wasser gekommen waren.

Total relaxt stellten wir die Boards zurück in den Schuppen und als Cham kam begrüßten wir ihn nett. „Und wie sind die Board?" „Ganz toll. Echt super zum surfen!" meinte ich und alle nickten. Zufrieden machte Cham sich wieder an die restliche Arbeit. Eilen wischte sich die Hände an der Hose ab, die noch immer voller Farbe war. „Zum Glück hat er nicht die Hände gesehen!" rief Eilen und grinste. Schnell holten wir die zwei Boardteile, die wir im Gemeinschaftsraum gelassen hatten und rannten schnell zu den Klippen. Vitray und ich kletterten hoch und die Jungs warfen und die Teile hoch. Wir schmissen sie schnell in das Dickicht aus palmenartigen Büschen, sodass sie keiner sehen konnte. Als wir wieder herunter kamen rief Vitray in einem quietschenden Ton: „Zweimal an ihm vorbei und er hat es nicht gemerkt!" „Ja man, echt danke Leute, ohne euch dürfte ich jetzt ein nagelneues Board bezahlen!" „Danke es nicht uns, sondern den Sprühdosen!", meinte Wouve. Eilen kniete hin und betete zum Himmel: „Sprühdosen, ich danke euch, dass ihr mit etwas von eurem Saft gegeben habt und euch selbst leer gemacht hab, nur um ein Board zu färben!" Ich und Vitray gingen in die Knie vor lachen. „Hey, hört auf zu Lachen, dass ist eine ernste Angelegenheit!", sagte Eilen. „Werde ich Priester?", ich bekam mich nicht mehr vor lachen!

Andy und Wouve mussten sich auch ein Lachen verkneifen. Als Eilen mit dem Sprühdosenanbeten fertig war, gingen wir alle zusammen etwas trinken. Da wir nicht einfach so vom Camp weg durften würde eine kalte Cola aus der Küche auch gehen. „Ich sage euch etwas! Ein Freund von mir ist Barkeeper in einer Bar. Wenn alle am pennen sind gehen wir da hin und feiern richtig! Einfach mal so zum Spaß, na was sagt ihr?", schlug Wouve vor. Alle waren total begeistert und schlugen ihre kalten Flaschen gegeneinander. Ich war nicht völlig gegen die Bar, aber richtig vertraut war mir der Gedanke nicht. Wenn Cham oder Peter uns erwischen würde! Aber ich wollte kein Spielverderber sein und machte mit.

Nach zwei Stunden gab es Abendessen. Ich kam mit Vitray und den anderen als letzte rein. Ich schaute zu meinem Stammplatz und blieb stehen. Auf meinem Platz saß nun Emma und als sie mich sahen, taten sie so, als hätten sie unglaublich viel Spaß. Vitray kam zurück zu mir und flüsterte: „Komm doch zu uns!" Ich war ziemlich erleichtert, darüber, dass die anderen mich einfach so aufnahmen.

Ich setzte mich zwischen Andy und Vitray auf einen Stuhl. Vitray schaute sich um, anstatt zu essen. Ich stupste sie von der Seite an. „Was suchst du denn?" – „Knoblauch!" - "Knoblauch?!" – „Komm mit!" Vitray und ich standen auf. Vitray ging in einen Raum, hinter dem Salatbuffet. Innen drin war eiskalte Luft. Der Kühlraum dachte ich. Und da war ja Cham, der gerade ein paar Kisten in ein Regal stapelte. „Na ihr hübschen, was macht ihr denn hier?" – „Wir suchen Gewürze!" – „Ach, die sind in dem zweiten Schrank über dem Herd!", Cham deutete um die Ecke. „Danke!", rief Vitray noch und ging mit mir zurück in die Küche. Sie stellte sich vor den zweiten Schrank und öffnete ihn. Er war voller Plastikdosen und auch Glasdosen, alle gefüllt mit verschiedenen Gewürzen.

Vitray durchstöberte die Reihen, bis sie eine kleine weiße Box mit Knoblauch nahm. Aber sie nahm noch eine andere Dose, mit Muskat. „Jetzt sag doch mal, was du vorhast!", flüsterte ich ungeduldig. „Ich muss mich noch bei Eilen bedanken! Er liebt Muskat auf seinem Brot, hasst Knoblauch aber über alles. Wir füllen jetzt ein bisschen von dem Knoblauch in den Muskat und dann kann Eilen schön sein Brot genießen!" Schnell stellte Vitray die Knoblauchdose zurück in den Schrank und schloss ihn schnell. Danach gingen wir ganz unauffällig zu unserem Platz. „Du musst es ihm aber geben, sonst merkt er es zu schnell!", flüsterte sie in mein Ohr. Heimlich nahm ich die Box unter dem Tisch entgegen und wendete mich an Eilen. „Hey Eilen! Ich hab gehört, dass du Muskat gerne auf deinem Brot hast!", rief ich freundlich ihm zu. Er nickte eifrig und nahm mir die Box entgegen. Ich grinste Vitray breit an. Eilen streute sich ordentlich dicke Haufen auf sein Brot, bis es fast völlig mit „Muskat" bedeckt war. Ich machte große Augen und hielt mir die Hand vor den Mund, damit ich nicht lachen musste. Dann bis Eilen in sein Brot. Vitray und ich schauten gebannt zu. Er kaute und kaute, zog die Augenbrauen zusammen, kaute weiter, bis er einen Würgereiz machte und die Hand vor den Mund hielt, damit er nicht alles brechen musste. „Andy, was ist denn bloß los?", fragte Wouve ihn. Andy schluckte einen kleinen Bissen mit einem angeekelten Blick und murmelte: „Knoblauch!" Dann stürmte er die Küche heraus und verschwand in Richtung Toiletten.

Vitray und ich prusteten los, schlugen die Köpfe gegen den Tisch und uns kamen die Tränen. „Habt ihr?", fragte Andy. Ich holte tief Luft und versuchte mein Lachen in den Griff zu bekommen und nickte. Jetzt lachte auch Andy los und auch Wouve kicherte leise. Als Eilen total wütend zurück kam, schaute er in vier zusammen gezogenen Gesichter, die schon ganz rot waren und so aussahen, als würden sie gleich platzen, so sehr mussten wir das Lachen unterdrücken! Er setzte sich zurück an seinen Platz. „Wisst ihr, jetzt lacht ihr noch, aber ihr werdet sehen wie schlimm es ist, mir nie wider das Muskat bringen zu dürfen!", meinte Eilen überheblich, doch dann lachte er los, zum Glück, ich wusste nicht wie lange ich das Lachen noch unterdrücken konnte. Wir stoßen unsere Tassen an. Als ich Ricas teuflischen Blick sah, bekam ich fast etwas Angst, doch ich freute mich, dass sie wusste, wie es mir ging. „Hey, mach dich locker! Du wirst sehen, heute Abend wird richtig gefeiert, warst du schon einmal in einer Disco?", fragte Vitray, als sie meinen Blick folgte. „Nein!". - „Oh, also, es wird dir auf jeden Fall gefallen. Du darfst nur nicht einfach so herumstehen. Du musst richtig in die Menge gehen und einfach irgendwie tanzen. Mach total Spaß!"

Rica viel das Messer aus der Hand, dass laut auf dem Porzellanteller knallte. Entsetzt schaute sie uns an. Sie hatte vermutlich unser Gespräch schon die ganze Zeit belauscht, doch das machte mir nichts aus! „Komm gehen wir schon mal!", meinte Vitray dann. Sie musste wohl geahnt haben, was Rica gehört hatte. Ich legte meine Tasse, die noch halb voll war, zur Seite und ging mit Vitray heraus. „Sie ist immer so!", sagte Vitray dann. „Sie?" Vitray zog die Augenbrauen hoch. „Okay, okay!" -"Glaub mir, die ist nur eifersüchtig, dass du sie nicht brauchst und mit uns abhängst! Aber ich sage dir eins, fange bloß nicht an dich bei ihr zu entschuldigen, dann fühlt sie sich wie die Queen. Und immer wenn wir dich fragen, ob du mit uns wohin willst, wird sie sagen: ‚Hey, sie will lieber was mit mir machen!' Mit so jemandem musst du erst gar nicht versuchen zu recht zukommen!"

Es wurde schon fast dunkel, die Sonne war eben erst hinter den Wellen verschwunden, deshalb war der Himmel noch rötlich. „Wir gehen nach halb elf, wenn Cham vom Lagerfeuer weg ist!" – „Gut, da wäre nur ein kleines Problem, wobei du mir am besten helfen kannst!" Vitray schaute mich fragend an. „Ich weiß nicht, was ich anziehen soll!" Vitray atmete auf und lächelte. „Wenn du mich dabei hast, musst du dir darüber keine Gedanken machen. Ich finde schon etwas in deinem Koffer!" -"Nie im Leben. Ich habe nicht mal ein T-Shirt, dass ein bisschen nach Disco aussieht!" – „In so einem Fall bleibt uns leider nur eins übrig!" Ich schaute Vitray ängstlich an. „Du bekommst etwas von mir!" Ich atmete auf: „Du!", rief ich und kitzelte Vitray von oben bis unten aus. Die zog sich zusammen vor lachen.

Als ich aufhörte legte sie einen Arm um mich und ging zu unserem Zelt. „Dann fangen wir einmal an!" Ich öffnete ihren Koffer und hob einzeln alle ihre Sachen hoch. Sie schüttelte immer den Kopf. Als ich ein extrem kurzes, hellblaues, bauchfreies und mit schrägen, gebogenen Linien quer über das Shirt gezogenen, die aus kleinen Plastikdiamanten bestanden, hoch hielt, nickte sie eifrig. „Das?!", fragte ich entsetzt. „Genau das und nur das. Das ist perfekt! Aber das machen wir nachher!" Zusammen gingen wir zum Gemeinschaftsraum, wo sich gerade alle trafen. „Hey, Mädels, da seit ihr ja! Wisst ihr was, Cham hat eben verkündet, dass er uns die kleine Bowlingbahn unten aufschließt!", rief Wouve. Oh nein, dachte ich. In Bowling war ich super schlecht! Ich sagte es allerdings nicht. Wir spielten noch eine kurze Runde Billard, bevor Cham mit einem Bund lauter Schlüssel zu uns kam. Er schloss die Tür rechts neben den Sofas auf, die einem gar nicht auffiel, weil sie genau wie die Wände hellblau angestrichen war. Cham öffnete die Tür und schaltete das Licht an. Wir gingen alle die lange, knorrige Holztreppe hinter der Tür hinunter, zu einem Raum. Der sah fast aus wie eine Kneipe. Es gab eine kleine Bar, ein paar Tische und zwei lange Bowlingbahnen. Am Rand jeweils eine Rinne mit bunten Kugeln. Die Kegel waren am anderen Ende schon aufgestellt. Vitray stellte sich sofort an die rechte Bahn an und wir folgten ihr. Zu uns stellten sich noch Bob und Karlo. „Dann haut rein!", rief Cham. Vitray holte sich eine pinke Kugel und holte nach hinten Schwung. Die Kugel kullerte gut und vor Allem geradeaus. Sie schlug sechs Kugeln um, jubelte laut und klatsche der Reihe durch unsere Hände ab. Danach kam Eilen. Sein Wurf war auch nicht schlecht, er stoß vier um, die eine wackelte zwar stark, doch sie fiel nicht um. Andy schoss eine fünf und Wouve sogar eine acht! Nun war ich an der Reihe. „Wie geht denn das?", fragte ich zögernd. „Also, am besten gehst du ein bisschen in die Knie. Dann holst du nach hinten aus, läufst drei Schritte vor und schleuderst nach vorne. Versuch aber möglichst gerade zu bleiben!" Alles klar, wollte ich sagen, doch da rief Rica laut: „Die weiß nicht wie Bowling geht", und zeigte mit fiesem Grinsen auf mich. Ich ignorierte sie einfach, holte tief Luft und nahm Anlauf. Als ich die Kugel los ließ, rollte sie erst nach links an die Seite. Rica kicherte gemein und verfolgte meine Kugel. Ich dachte schon, ich würde keine Punkte kriegen und sie würde noch vor den Kegeln abbiegen, doch dann rollte sie auf einmal nach rechts und traf alle Kugeln genau in der Mitte. Ich schlug die Hand vor den Mund. Das hatte ich wirklich nicht erwartet! Mir war klar, dass das extremer Zufall gewesen war, aber ich freute mich trotzdem. Kreischend lief ich zu Vitray und umarmte sie. Diese hob mich sogar in die Luft. Als ich in Ricas Richtung schaute, sah ich wie diese die Arme vor der Brust verschränkte und sich verärgert auf die Lippe biss!

Wir spielten bis zehn vor zehn, danach winkte Vitray mir, dass wir uns umziehen gehen mussten, bevor Rica es sah. Ich hatte nicht schlecht gespielt, fast immer über fünf gefallene Kegel. Wir verließen leise und schnell den Raum und beeilten uns zu unserem Zelt. Schnell zog ich meine alten Sachen aus und das Top drüber. Zum darunter anziehen, gab Vitray mir einer ihrer super kurzen „Hosen". Meine war weiß und an den Enden ausgefranst. „Gut, und jetzt leg dich in dein Bett. Schminken machen wir später, wir können ja nicht total gestylt im Bett liegen!" Vitray hatte Recht. Sie zog sich noch kurz ein lila Top, das von oben bis unten mit glitzernden Paletten bestickt war, an und darüber einen schwarzen Gürtel, mit Peacezeichen darauf. Darunter trug sie eine enge Jeans, die auch so kurz war, wie meine. Dann rollte sie sich unter ihre Decke.

Schon wenige Zeit später kam Rica in unser Zelt. Mürrisch schaute sie uns an, ignorierte uns dann aber für den Rest. Sie zog sich um und kuschelte sich in ihr Bett. Dann drehte sie sich zur Zeltwand und schlief fast sofort ein. Ich konnte dass an ihrem gleichmäßigen Atem hören.

Kurze Zeit später, viel zu kurz, wurde ich wach gerüttelt. Es war Vitray, die schon fertig geschminkt war. Ich musste eingeschlafen sein! Schnell sprang ich aus meinem Bett. Vitray machte sich an die Arbeit. Es war nicht ganz stockdunkel, weil der Mond heute zu sehen war, aber Vitray hatte das bestimmt schon so oft gemacht, dass sie das auch im Dunkeln prima hinbekam. Sie tupfte mir etwas Make up ins Gesicht, machte die Wangen leicht rosa, zog die Wimpern schwarz mit Wimperntusche und wuschelte in meinen Haaren herum. Das ganze besprühte sie ordentlich mit Haarspray. „Das müsste reichen!", flüsterte sie und ging mit mir nach draußen.

Die Schuhe hatten wir im Bett noch an gelassen. Draußen war es frisch und die Jungs warteten schon auf uns. Auch sie sahen cool aus. Wouve hatte eine schwarze, Ärmellose Weste an, Andy trug einen Schal und einen mit Nieten übersäten Gürtel und Andy hatte einen silbernen Hut auf dem Kopf. Als Eilen uns sah, pfiff er laut und wackelte mit den Augenbrauen. Zusammen gingen wir an dem Schuppen und an dem kleinen Parkplatz vorbei und gingen eine geteerte Straße, in eine dichter besiedelte Stadt hinein. Neben eine, schicken Modeladen war die Bar. Für mich wirkte sie wie jede andere. Als wir herein kamen, wurden wir von der kreisenden Discokugel angeleuchtet. Die Bar unterschied sich eigentlich nur von anderen, dass sie mehr Platz zum Tanzen bot und eine kleine Bühne mit einem DJ hatte. Es schien eher eine Disco zu sein, stellte ich fest. Wouve ging an die Bar und begrüßte dort den Barkeeper, der vermutlich sein Freund war, von dem er geredet hatte. Er war mit ihm am verhandeln und der junge Mann ging drauf ein. Vitray, die anderen Jungs und ich begannen schon einmal zu tanzen. Ich versuchte mich möglichst locker zu machen. Irgendwann bekam ich ein gewisses Rhythmusgefühl und tanzte einfach irgendwie. Es war mir egal, wie es aussah, aber es machte tierisch Spaß! Andy nahm meine Hand und ich drehte mich aus und wieder ein. Dann rief er: „Ich glaube, ich hole uns etwas zu trinken!"

Er drängte sich durch die Massen zu der Bar. „Ich glaube, Andy steht auf dich!", flüsterte Vitray mir zu. Doch da die Musik so laut war es eher ein Rufen, statt ein flüstern. Kein Wunder, der Bass dröhnte mir richtig in den Ohren! Andy kam mit fünf Gläsern auf einem kleinen Holztablett zu einem runden Tisch und winkte uns herüber. Wir kamen natürlich. Jeder schnappte sich ein Glas. Ich wusste nicht genau, was es war, es war auf jeden Fall orange. Wir stießen die Gläser an und tranken. Ich nahm hingegen nur einen kleinen Schluck, weil es sofort anfing komisch zu schmecken. „Was ist das?", fragte ich. „Schnaps!", antwortete Andy. „Dürfen wir dass denn?" „Ach, hab dich nicht so!", meinte Vitray. Ich dachte mir, dass das wohl zum feiern in Bars dazugehörte, zuckte mit den Schultern und trank einen großen Schluck.

Als die Gläser leer waren, bestellte Andy noch einmal welche, die ich auch noch mit trank. Danach waren wir so blau, dass wir nicht mehr richtig sprechen und gehen konnten. Wir tanzten noch ein bisschen, bis wir gegen zwei Uhr beschlossen zu gehen. Ich weiß nicht mehr, wie wir es geschafft haben, bis in unsere Betten zu kommen, oder wie wir es geschafft hatten, dass uns keiner hörte. Ich weiß nur noch, dass ich an dem Abend unheimlich viel Spaß gehabt habe und sobald ich im Bett war direkt eingeschlafen bin.

Ich wachte mit einem Brummschädel auf. Alles drehte sich, ich konnte verschwommen die roten Locken aus dem einen und der schwarze Vorhang aus dem anderen Bett erkennen. Rica und Vitray waren also noch am schlafen. Ich schob die Decke weg und bemerkte, dass ich noch das bauchfreie Top und die Schuhe an hatte. Ich zog mich natürlich trotzdem um und nahm meinen Kompass in der Umhängetasche mit nach draußen. Frische, kühle Luft brauste mir entgegen. Ich sah mich um. Hinter der großen Hütte sah ich die eine Hälfte eines weißen Boards und davor jemanden im weißen Top und kurzen, blauen Shorts hocken. Leise schlich ich mich an und ging seitlich so eng wie es ging an der Holzwand vorbei. Ich schaute um die Ecke. Es war Cham, der mit einem schwarz verschmierten Handtuch ein Board von bunter und schwarzer Farbe befreite.

Mein Herz setzte kurz aus und meine Augen erstarrten. Schnell schlich ich mich wieder zurück und rannte die Zelte entlang nach ganz hinten zu den Jungs ihr Zelt. Ich steckte den Kopf herein. Wouve und Eilen waren noch am schlafen nur Andy war wach und zog sich gerade seine Turnschuhe an. Als ich ihn sah, winkte ich ihn aus dem Zelt. „Was ist denn los?" „Komm schon, aber leise!" Ich rannte mit ihm zur Hütte und wir versteckten uns wieder an der Wand. Andy sah Cham mit dem Board und schaute mich entsetzt an. Er ging mit mir ein paar Schritte weg und flüsterte: „Woher weiß der von dem Board?" - „Keine Ahnung! Mist, dass die Farben abgehen! Wir sollten es Eilen sagen!" -"Bist du verrückt? Wenn Cham fragt wer das war, wird er es nicht aushalten. Es ist besser, wenn er es nicht weiß!" Wir überlegten. „Nein, ich mach das schon!", meinte Eilen dann und ging ganz lässig zu Cham. „Was für eine Schweinerei!", rief er zu Cham. „Ich frag mich wer das war!" - "Das war ich!", sagte Andy mutig. „Andy, was machst denn du da!", dachte ich und tauchte auch hinter der Ecke hervor. „Was Andy eigentlich sagen wollte ist, dass er versucht hat, die anderen Boards auch so toll zu gestalten. Mit den Sprühdosen in der Kiste. Wir haben erst einmal eins gemacht um zu gucken, ob es funktioniert. Tut uns echt leid!" „Warum habt ihr mich nicht gefragt?" „Wenn wir das gemacht hätten, wäre es ja keine Überraschung mehr! Wir hätten auch nicht erwartet, dass es so ... endet!"

Cham überlegte kurz, dann fing er an zu lachen. „Ihr zwei! Talent habt ihr schon einmal!" Ich schaute Andy erleichtert an. „Aber, eine Strafe umgeht ihr da durch trotzdem nicht! Ihr wischt ab sofort nach jedem Essen den Boden in der Küche. Sagen wir heute und Morgen, fürs Erste, dann sehen wir weiter!" Boden wischen, na super! Aber wenigstens nicht Toiletten schrubben oder so etwas! Wir machten uns schon einmal auf den Weg zu Küche. „Das haben wir doch ganz gut hinbekommen", meinte ich zufrieden. „Ganz gut? Wegen dir bin ich jetzt eine Putzfrau!", rief Andy und begann mich zu kitzeln. Dann hob er mich hoch und ließ meinen Kopf über seine Schulter baumeln. Ich trommelte mit meinen Fäusten gegen seinen Rücken und schrie: „Lass mich runter!" Andy lachte nur. Er ging die drei Treppenstufen zur großen Glastür der Küche hoch und trug mich herein.

Erst als wir drinnen waren, ließ er mich herunter. Cham kam gerade auch herein, von der Hintertür aber. „Ach, ihr seit ja schon da, dann könnt ihr mir gleich beim Tischdecken helfen!" schlug Cham vor, obwohl es eigentlich kein Vorschlag war. „Anstatt Boden wischen?", fragte ich ihn. Cham schüttelte den Kopf. An der Strafe kamen wir wohl nicht vorbei. Andy machte das Besteck und ich die Obstplatte. Cham übernahm den Rest. Wir waren sehr schnell fertig, doch es war schon spät und die anderen kamen langsam aus ihren Zelten gekrochen.

Dieses Mal war Vitray nicht wieder einer der letzten. Ich lächelte, als ich sie wie immer in einer ihrer kurzen Hosen sah. Wir setzten uns an unseren gestrigen Platz. Als ich Wouve neben Eilen kommen sah, stand ich auf und holte aus dem Schrank extra eine Dose Muskat. Diese stellte ich dann vor Eilen. Er schielte mich verdächtig an, schraubte den Deckel auf und roch daran. Misstrauisch schaute er es von allen Seiten an. „Da ist kein Knoblauch mehr drin!", rief ich ihm zu. Als er es genau untersucht hatte lächelte er zufrieden und bedankte sich bei mir. Er nahm sich eine riesige Brotschnitte und legte dick Käse oben drauf. Wieder streute er das ganze Brot mit dem Muskat ein. Dann biss er zu und wir beobachteten ihn dabei. Er kaute und kaute, bis er glücklich es hinunterschluckte. „Eilen, du hast echt recht. Es ist sehr schlimm dir den Muskat nicht mehr bringen zu müssen", sagte ich in einem gequälten, ironischen Ton. Vitray fing an zu lachen, bis sie sich auch ein Brötchen krallte und mit dem Essen begann.

Als wir fast alle fertig waren winkte Cham uns herbei. Er trug bereits zwei Besen und zwei Eimer mit eingeseiftem Wasser unter den Armen. „Was, müsst ihr jetzt hier putzen?", fragte uns Wouve. „Das ist eine lange

Geschichte!", meinte Andy nur. Er schnappte sich den einen Eimer und den einen Besen und stellte den Eimer auf den Boden, während ich das gleiche tat. Als Cham aus der Küche lief und uns noch viel Spaß wünschte nahm ich den Besen quer und sang laut:" I love Rock'n'Roll!" und benutzte den Stiel als Gitarre. Ich ließ mich auf die Knie fallen und machte die Gitarrenklänge nach. „Los putzen, du Rockstar!", befehligte Andy. „Langweiler!", hänselte ich ihn. Ich tunkte den Besen ins schaumige Wasser und drehte mich um.

Auf einmal schlug Andy mir das weiche und tropfende, nasse Besenende auf den Kopf. Das Wasser floss über meinen ganzen Kopf. Ich drehte mich zu ihm um und schüttelte mich kräftig, dass es spritzte. Dann tauchte ich meinen Besen ebenfalls ein und wollte zurück schlagen. „Warte nur, dass bekommst du zurück!" Doch Andy wehrte mit seinem Besenstiel ab. „Hättest du wohl gerne!" Dann brach ein wilder Stockkampf aus. Andy versuchte meine starken Schläge abzuwehren und machte Ausweichschritte nach hinten. Als ich in Höhe seines Eimers kam, nahm ich ihn mit der einen Hand und schüttete fast die Hälfte des Wassers über seinen Kopf. Er machte den Mund weit auf. Dann rannte er los zu meinem Eimer und wollte sich rächen. „Nein, nein, nein, Hilfe, Hilfe, nein!", schrie ich, als ich wie eine Ente vor ihm durch den ganzen Saal wegrannte. Schwab, schwab machte es, als Andy mich jagte. Er verlor fast die Hälfte an Wasser! Als ich einen ganzen Kreis gerannt war und Andy mich in der Ecke bei der Bank und dem Tisch endlich einholte, kletterte ich kurzerhand auf die Bank über den Tisch. Am Ende sprang ich wieder herunter. Andy nahm Schwung und schüttete das ganze Wasser in meine Richtung. Ich jedoch lief rückwärts, dass kein einziger Tropfen mich erwischte. Andy schaute traurig in seinen leeren Eimer. Dann zeigte er mir ihn und sagte: „Leer!" Bevor er noch den anderen Eimer nach mir schmeißen würde, ging ich zu ihm und leerte ihn ebenfalls auf dem Boden aus. „So, und jetzt wird gewischt!" Wir nahmen wieder die Besen, die wir auf den Boden fallen gelassen hatten und fegten über denn nassen Boden. Ich drehte beim Putzen ein paar Pirouetten und immer wenn Andy an einer anderen Stelle putzen wollte nahm er den Stiel zwischen die Beine und ritt wie eine Hexe auf dem Besen. Ich musste immer lachen, wenn er das tat. Schließlich hatten wir alles durch gewischt, es war zwar alles nass, dass sich die Schränke in dem See spiegelten, aber Cham hatte nichts darüber gesagt, wie wir putzen sollten. Andy und ich lachten noch, als wir aus der Küche kamen und wir waren klatsch nass.

Cham begegnete uns mit ein paar zerkratzen Surfboards „Seit ihr schon fer....", als Cham uns sah, vielen ihm die Augen fast aus dem Kopf. „Wie sieht ihr denn aus. Da sieht man mal, wer sich richtig in die Arbeit reinkniet! Also, ihr seit für heute erlöst!" Cham ging weiter. Andy und ich hatten vor zu der Klippe zu gehen. Als wir auf dem Fels standen, merkten wir, dass die anderen nicht da waren. Andy machte das nichts aus, er begann schon sein T-Shirt auszuziehen. „Sollten wir nicht auf die anderen warten, die kommen bestimmt gleich!"

Andy tippte sich an die Stirn, nahm meinen Hand und zog mich an den Abgrund. Ich schaute herunter auf die kleinen Schaumkronen der Wellen. Ohne ein Wort sprang Andy ab und zog mich hinter sich her. Wir kamen unterschiedlich im Wasser auf. Als ich auftauchte war Andy nicht da. Ich runzelte die Stirn und tauchte nach ihm. Nirgendwo war er. Als ich wieder auftauchte, packte mich etwas von hinten am Kopf und tunkte mich unter Wasser. Ich wollte schreien, doch im Wasser hörte sich das eher nach einem Gurgeln am Morgen nach dem Aufstehen an, wenn man noch völlig Müde ins Bad trottete und langsam erst wach wurde. Jedenfalls war es Andy gewesen. Als ich auftauchte und erst einmal Luft holte, drehte ich mich um und spritze ihn nass. Mit den Fäusten begann ich auf seine Brust wie wild auf seine Brust zu schlagen. Andy stand nur da und sah sich in der Landschaft um, als ob er gar nichts spüren würde. Dann starrte er mich plötzlich an, machte ein grimmiges Gesicht, wie ein Löwe, der gerade fauchte, und formte seine Hände zu krallen. Ich schrie künstlich auf und kraulte weg. Doch als ich auf den Grund sah, sah ich Andys braunen Haare unter mir her tauchen. Er streckte die Arme nach oben und hielt mich an der Hüfte fest. Dann tauchte er auf und hatte mich über der Schulter, mal wieder. „Andy, lass mich runter!", schrie ich wieder. „Okay!", sagte Andy spontan und ließ mich einfach ins Wasser fallen. Als ich auftauchte, musste ich erst einmal das ganze ätzende Salzwasser aus meinen Lungen husten. Andy lachte und klopfte mir auf die Schulter. „Danke übrigens!", meinte er dann. Verwirrt schaute ich ihn an. „Wofür denn?" - „Na, vor hin wegen Cham! Ich hätte ihm vermutlich die ganze Geschichte mit dem kaputten Board erzählt und was weiß ich für einen Ärger bekommen!" Ich hätte verlegen lachen können, oder stolz sein können oder irgendetwas anderes, doch ich war es nicht. Ich war immer noch verwirrt und legte meine Stirn ernst in Falten. „Das war doch gar nichts!" Jetzt war Andy es, der überrascht und ernst schaute. „Gar nichts nennst du das! Du hast mir ja auch nur den Hals gerettet sonst nichts. Das ist wirklich gar nichts!" -„Glaub mir, dein Hals ist echt nicht mehr zu retten!" Andy grinste breit.

„Hey ihr! Hier oben!", rief Vitray laut, die auf der Klippe stand. Sie nahm Anlauf und machte eine riesige Arschbombe ins Wasser. Eine ganze Wasserfontäne überspülte uns. „Ich glaube, da ist gerade ein Elefant heruntergesprungen!", rief ich. Dann kamen auch Eilen und Wouve oben an. Sie sprangen gleichzeitig herunter und machten beide einen Salto. Auch bei ihnen spritze das Wasser meterhoch. Wouve tauchte als erster auf. Er schüttelte sich seine langen, blonden Haare wie ein Hund. Er kraulte ein paar Züge zu uns, dann fragte er: „Seit wann seit ihr zwei denn zu Putzfrauen befördert worden?" Ich und Andy schauten uns nach Eilen um, der erst auf dem Weg zu uns war. „Die Farben von unserem montierten Board sind abgegangen!", flüsterte ich ihm zu. „Und dank Cémies genialer Ausrede hat er uns nur Putzdienst für heute und Morgen verpasst", ergänzte Andy. „Ihr habt gesagt, dass ihr das wart?", meinte Wouve, doch da tauchte Eilen neben uns auf. Ich nickte ihm nur noch unauffällig zu und er tat schnell die schnell die Daumen hoch. „Da sind ja die zwei Putzfrauen!", begrüßte Eilen uns. „Looser", sagte ich aus Spaß. Wir wussten eigentlich nicht, was genau passieren würde, wenn Eilen den Grund für den Putzfrauenjob erfuhr, nur dass es besser wäre, wenn er es nicht weiß.

Wir sprangen noch eine ganze Weile Klippen. Ich versuchte sogar mal einen Salto zu machen, doch ich landete auf dem Rücken, der krebsrot danach war. Ich schwor mir bestimmt nie wieder einen Salto zu machen, jedenfalls nicht von einer Klippe, von einem Sprungbrett oder sonstiges. Später schickten wir Eilen noch los, um uns ein paar Pfirsiche aus der Küche zu holen. Er war natürlich dagegen, wurde aber von uns überstimmt. Als er zurück kam setzten wir uns auf den Stamm einer gebogenen Palme oben auf der Klippe und aßen. Es war angenehm kühl im Schatten der Palme, unter den Klippen hörte man die Wellen brechen, die Sonne schien hell, der Himmel war blau und es war Windstill. In der Ferne glitzerten die hellen Schaumkronen der kleinen Wellen wir Kristalle und strahlten.

5. Flackerndes Feuer

Später kamen wir viel zu spät zum Mittagessen. Als wir hereinplatzen, lächelte Cham, der gerade Gläser an der Bar spülte, uns nur zu. Wir setzten uns Vitray und die Jungs hauten richtig rein. Ich sah mich um. Neben Emma war der

Platz auf der Bank leer. Wo steckte Rica nur? Wenn ich Vitray gefragt hätte, hätte die nur gemeint, dass die Tante mich nicht mehr kümmern sollte. Ich kaute langsam ein Stück Fleisch in meinem Mund, bekam es aber nicht herunter geschluckt. Schließlich stand ich auf und wollte nach Rica schauen. Natürlich war ich noch sauer auf sie, aber ich war neugierig geworden. Sie war doch auch sonst immer beim Essen gewesen, auch wenn ich dabei war. Ich ging erst an dem Schuppen vorbei in unser Zelt. Ihr Buch lag unaufgeschlagen auf ihrer Tasche. Das Lesezeichen markierte ordentlich die Seite, die Decke war ordentlich zusammen gelegt. Ich ging wieder hinaus und suchte das Meer nach einem Surfer ab. Doch weit und breit sah ich keinen. Das Board, das Rica bisher immer benutzt hatte, stand auch noch im Schuppen. Wo war sie nur. Ich machte einen Abstecher zum Gemeinschaftsraum, doch da war sie auch nirgendwo. Meine letzte Hoffnung waren die Toiletten. Ich schaute mir in Ruhe alle Schlösser an. Das ganz letzte war rot, also besetzt. Nur auf dem Boden standen keine zwei Füße. Vorsichtig klopfte ich an die Tür. „Rica? Ich bin es, was machst du denn da drinnen?" - "Ich erledige ein Geschäft, was denn sonst?", murrte sie. – „Mit den Füßen auf der Kloschüssel?" Dann ging das Schloss der Tür auf. Ricas schönes Gesicht war in falten gelegt und von schwarzen, verwischten Tränen übersät. Sie hatte ganz schön geweint, dass sah man ihr an. Ihre Augen waren trübe und lustlos. Ihre Lippen blutig gebissen und ihre sonst so seidigen, schwarzen Haare knotig wie Stroh. „Hey, was ist denn mit dir los?", fragte ich sanft und wollte zu ihr herein kommen. Doch sie legte ihre Hand auf meine Brust und schob mich raus. „Das kannst du dir gleich abschminken gehen! Denkst du, ich lasse mich von so einer miesen, fiesen und gemeinen Person wie dir aufmuntern lassen? Da hast du dich aber gewaltig geschnitten! Verzieh dich doch!" - „Rica was ist denn bloß los?" – „Abhauen sollst du!" -"Was habe ich denn falsch gemacht?" – „Falsch? Ist die Frage ernst gemeint? Erst nutzt du mich total aus, weil du keine anderen Freunde hast, tust voll so auf beste Freundin, dann fängt jemand an sich für dich zu interessieren und lässt mich einfach alleine da stehen! Ach, sag mir nicht, dass du gar nicht gemerkt hast, dass du neuerdings etwas mit den anderen machst!"

Bevor Rica mich noch ganz aus den Toiletten schob, nahm ich ihre Hand von meiner Brust. „Momentmal, ich war die Diejenige, die gesagt hat, dass ich dich nicht hängen lasse. Du warst es doch, die einfach zu Emma und so gegangen ist und mir das Gefühl gegeben hat überflüssig zu sein! Erwartest du dann im ernst, dass ich dir noch hinterherlaufe? Nur weil ich neue Freunde habe, heißt dass nicht, dass ich dich ausgenutzt habe und du bist doch gar nicht alleine. Was ist mit Emma, Lilly, Bell, Suma oder deinen Brüdern?"

Dann dachte Rica nach. „Emma und so sind nicht wirklich meine Freunde, wir kommen zwar miteinander aus und manchmal machen wir etwas zusammmen, aber...sie warten nie auf mich beim Essen und laufen einfach weg, wenn ich frage ob sie noch mit mir aufs Klo gehen, schnappen die sich ihre Boards und gehen surfen! Ich bin nur das dritte Rad am Wagen!" – „Ja, das Gefühl kenne ich!" Dann schaute Rica mich wütend an. „Ich habe dir nie dieses Gefühl gegeben, ich wollte einfach nur mal wieder bei denen vorbei schauen. Und ich habe dich nicht wie Luft behandelt und dich völlig vergessen!" – „Das stimmt doch alles gar nicht!", erwiderte ich. Rica schob mich zurück in die einzelne Toilette, doch ich wollte an ihr vorbei heraus. Wir rangelten und boxten uns. Ich wusste nicht, wie ich mich wehren sollte und gab ihr einen Tritt ins Schienbein. Sie schrie auf, doch fasste sich nicht an die wehe stelle und hüpfte auch nicht herum, wie ein betrunkener Flamingo. Stattdessen krallte sie zornig ihre Nägel in meine Schulter und mit einem gewaltigen Ruck schubste sie mich zurück in die Toilette. Ich viel unsanft auf den Boden und knallte mit dem Hinterkopf gegen die harte Kloschüssel. In meinem Kopf breitete sich ein drückender Schmerz aus, als würde mir jemand einen Nagel in den Kopf bohren. Ich sah vor Tränen in den Augen nur noch verschwommen. Benommen konnte ich erkennen, wie Rica sich aus dem Staub machte.

Ungefähr zehn Minuten lag ich noch da und musste mich mit dem Schmerz abquälen. Dann hielt ich mich an der Porzellanschüssel fest und stand langsam auf. Meine Beine zitternden immer noch vor dem Schock. Der Streit war einfach zu viel für mich gewesen. Wie konnte Rica nur so etwas von mir denken und sich für absolut unschuldig halten. Warum tat sie nur so, als ob sie das arme, verlassene, einsame Opfer war. Wenn sie nicht diese Eifersuchtsaktion mit Emma gestartet hätte, hätte ich sie nicht mit Vitray abserviert. Die belog sich doch nur selber! Benommen und benebelt wankte ich zur Küche zurück. Als ich herein kam saß Rica an ihrem Platz und riss gewaltsam riesige Stücke von ihrem Brot, dass zur Beilage diente, ab. Ich setzte mich an meinen Kopf und faste mir verschmerzt an den Kopf.

„Was ist denn passiert?", fragte Vitray besorgt, doch ich winkte ab. Es reichte mir schon, dass nur Rica und ich davon wussten. Vitray ließ laut ihre Gabel auf den Teller klirren. „Oh mein Gott, was hast du denn am Kopf gemacht?" Sie schob mir die Haare zur Seite und stand auf. Sie lief eilig zum Kühlraum und kam nach ein paar Sekunden mit Cham zurück. Der schaute sich meinen Kopf ganz genau an. „Eine kleine Schürfwunde und eine breite, blaue Beule", stellte er fest, „da hast du aber verdammt Glück gehabt. Was hast du denn gemacht?" „Ich...ich bin auf dem Klo ausgerutscht", was ja eigentlich nicht ganz falsch war. „Komm ich bitte dich!", rief Rica und wendete sich an Cham, „ich war sauer auf sie und habe sie gegen die Toilette geschubst!" Fassungslos schaute ich Rica an. „Rica?", viel Cham dafür nur ein. „Gut, für den Rest der Woche übernimmst du den Putzdienst!" Cham wendete sich ab und machte kopfschüttelnd an seine Arbeit im Kühlraum weiter. Ich wollte gerade Rica fragen, was das sollte, doch sie kam mir zuvor: „Glaub mir, das letzte was ich will, ist von dir auch noch in den Schutz genommen zu werden!" Diese Antwort hätte ich nie erwartet. Wie konnte ich schon so völlig abgeschrieben sein für Rica, ich wollte ihr doch nichts Böses. Doch ihr wahr ich anscheinend so was von egal! Und Cham war mit dieser Situation sichtlich überfordert. Den Boden wischen? Na und, was kümmert es mich? Wenn Rica mich nicht braucht, brauche ich sie auch nicht, dachte ich vor mich hin. Ich kaute wieder nur ein paar Bissen. Mein Teller jedoch blieb voll.

Dann hörte ich Emma mit Rica tuscheln: „Hast du sie echt gegen die Toilette geschubst?"

"Ja, na und? Die kann ruhig auch mal aufs Maul fliegen! Du weißt doch, was sie mit mir gemacht hat!"

"Ja stimmt. Sie hat es verdient!"

Ich schob den Stuhl unter mir weg und rannte aus der Küche. Traurig, wütend, enttäuscht, ängstlich, sauer, alles zusammen. Traurig und enttäuscht, weil Rica immer noch von mir dachte, dass ich sie im Stich gelassen hätte! Wütend und sauer, weil sie anscheinend schon allen davon erzählt hatte und ängstlich, dass sie nun alle gegen mich aufhetzen würde! Nach wenigen Schritten kullerten mir die Tränen über die Wange. Wütend wischte ich sie weg.

Als ich die Küchentür aufgehen hörte rannte ich schnell zu der Klippe. Ich wollte nicht, dass irgendjemand mich jetzt sah. Oben auf der Klippe setzte ich mich nicht gleich an unseren Stammplatz, sondern etwas weiter hinten an den großen überragenden Fels, wo ich Jase gefunden hatte. Ich setzte mich auf den Stein und zog die Knie an die Brust. Bis auf die Wellen war es still. Doch da hörte ich Schritte auf mich zu kommen. Andy.

Er setzte sich neben mich und legte seine Hand auf meine Schulter. „Das mit Rica wussten wir nicht", entgegnete er leise. „Hättet ihr etwas dagegen getan, wenn ihr es wüstet?", ich fing durch die Tränen an zu wimmern. „Natürlich! Wir sind doch deine Freunde!", sagte Andy ruhig. Ich konnte nichts erwidern darauf. Ich begann zu schluchzen und legte mich auf Andys Schoß. Er hatte seine Hand von meiner Schulter genommen und legte sie nun auf meinen Kopf. „Sie hat es bestimmt schon allen anderen erzählt. Das ich sie im Stich gelassen habe!" „Hat sie nicht. Ich wette dass sie das nur vor dir mit Emma besprochen hat, dass du dich so fühlst und dich ihr unterlegen fühlst!" Ich merkte, dass da etwas Wahres dran sein konnte. Ich richtete mich auf und sah Andy an. Dann legte ich meinen Kopf auf seine Schulter und umarmte ihn. „Vitray und die anderen reden gerade mit Rica!" Ich versteckte mein Gesicht in seiner Schulter. „Worüber denn?"

"Na, sie soll das Ganze nicht so kalt lassen. Die kann ruhig auch mal Schuldgefühle haben!"

Ich nahm mein Gesicht wieder von seiner Schulter und schaute ihn an. Er legte seine eine Hand an meine Wange und wischte mir eine kullernde Träne aus dem Gesicht. Mir stand das Wasser immer noch in den Augen, doch Andy war ganz ruhig und gelassen. Wie immer. Er nahm seine andere Hand und schob mir ein paar Strähnen, die mir über das Gesicht hingen, hinters Ohr. Er schaute mir lange an, bis er sich kurz vor mein Gesicht vorbeugte. Er zögerte noch, bevor er mich küsste. Ich schloss die Augen. Er hatte weiche, sanfte Lippen. Seine dunkle Haut war warm. Langsam trennte er seine Lippen wieder von mir und sah mich etwas ratlos an. Ich lächelte ihn an, dadurch atmete er wie erleichtert auf, als hatte er Angst davor gehabt mich zu küssen. Ein paar Minuten schauten wir uns nur an. Dann nahm er meine Hand und ging mit mir zusammen herunter von der Klippe und wir spazierten über den Strand und dann zurück zum Gemeinschaftsraum.

„Ich wollte das eigentlich schon viel früher machen! Schon als wir das Sternenbild angesehen hatten." Ich runzelte die Stirn. „Und warum hast du es nicht gemacht?"

„ ... hatte Angst davor eine Abfuhr von dir zu bekommen!" sagte er.

Ich stellte mich vor ihn, stemmte die Hände in die Hüfte und zog die eine Augenbraue hoch. „Das denkst du nicht im Ernst von mir?" „Jetzt nicht mehr!", sagte er lächelnd und küsste mich noch mal. Dieses Mal war es aber nur ein kleiner Schmatzer.

Auf einmal hörten wir die Küchentüren öffnen. Alle waren wohl mittlerweile mit dem Essen fertig. Als Rica herauskam schaute sie mich nur mürrisch an und ging in ihr Zelt. Andy nahm meine Hand und ging mit mir zu Vitray und den zwei Jungs, die auch gerade heraus kamen. Wouve verschränkte lachend die Arme. „Hast du es also doch geschafft?" „Wurde aber auch langsam Zeit!", rief Eilen.

Cham lief an uns vorbei: „Tag zusammen!" Er ging an die Holzwand und nagelte mit einem Hammer ein großes Plakat an die Wand und verschwand drinnen wieder. Ich sah mir das Plakat an. „Nationaler und traditioneller Surfwettkampf", stand groß als Überschrift. In zwei Wochen war er schon und die Qualifikation war in neun Tagen. Darunter war eine Liste zum Eintragen für die Teilnehmer, die mitmachen wollten. Vitray ging die Treppenstufen herunter. „Wohin gehst du denn?", rief ich ihr nach. „Na einen Stift holen, was den sonst?" Sie verschwand kurz im Zelt und kam mit einem schwarzen Filzstift wieder. Groß schrieb sie ihren Nachnamen und dann ihren Vornamen auf die oberste Linie. Danach reichte sie den Stift weiter. Die drei Jungs machten auch alle mit. „Los, Cémie, du auch!", sagte Vitray.

„Ich weiß nicht ..."

"Komm schon, du bist super gut!" Die anderen stimmten ihr zu. Überredet nahm ich den Stift und schrieb mich auch in die Liste.

Bis zum Abend hatten wir die Wellen in Grund und Boden gesurft. Danach halfen wir Cham bei der Vorbereitung des Abendessens. Er sagte, wir sollen in der Küche schon ein Mal den Teig anrühren und dass alles da wäre. Wir beschlossen, wenn zwei von uns das machten, würde es reichen. Wir hatten gelost, ich hatte „verloren". Weil ich blieb, blieb Andy natürlich auch.

Ich holte ein paar Eier aus dem Kühlschrank und eine Kanne Wasser. Andy suchte verzweifelt das Mehl in den Schubladen. Als er es gefunden hatte, rief er ein stolzes: „Aha!" und pfefferte das Mehl auf den Tisch. Nun machten wir uns an die Arbeit. Ich schlug ein Ei nach dem nächsten in eine Schüssel auf und schüttete es in die große, blaue Schüssel, die Cham und gegeben hatte. Andy schüttete etwas Wasser dazu. „Und wie viel Mehl muss da jetzt rein?", fragte er mich, als hätte er keine Ahnung, was er gerade überhaupt machte. Ich nahm das Mehl in die Hand und holte unauffällig eine Hand Mehl aus der Tüte. Dann tippte ich Andy auf die Schulter, das er zu mir guckte und ich warf ihm das ganze Mehl ins Gesicht. Andy kniff die Augen und den Mund zusammen. „Ich glaube ungefähr soviel!", meinte ich und musste lachen. Andy wischte sich das Mehl aus den Augen. „Gut, dass ich jetzt weiß, wie viel Mehl darein kommt, aber ich glaube du weißt es noch nicht!" – „Oh, doch, das macht nichts!" Andy nahm auch eine Hand Mehl, ich bekam Panik und lief schreiend durch die ganze Küche. Erst der tropfnasse Besen, jetzt das Mehl!

Als ich anhielt und mich umschaute, bemerkte ich, dass Andy mir nicht gefolgt war sondern die ganze Zeit an der Bar stehen geblieben war und mir schön zugesehen hatte. Er prustete los und ich kam halb lachend und halb wütend zu ihm herüber. „Du!", rief ich, doch ich kam nicht weit, als mir ein Berg Mehl ins Gesicht flog. Ich wischte mir das Zeug aus den Augen. Doch wo war Andy hin. Ich hörte ein leises Kichern bei der Bar. Ich schaute über die Bar. Da hockte Andy, mit der Hand vor dem Mund und kicherte. „Versteckt man sich heutzutage, wenn man kichert", fragte ich ironisch. Dann musste Andy so laut lachen, dass er es nicht mehr unterdrücken konnte. Er wälzte sich halb lachend und halb schreiend auf den Boden. Als er da so schön lag, nahm ich noch einmal eine Hand Mehl und streute sie über Andys Gesicht und sang: „Leise rieselt der Schnee!" Doch Andy merkte nichts, nicht einmal, dass er vor lachen immer noch den Mund auf hatte und das ganze Mehl auch in seinen Mund kam. Aber als er es merkte, richtete er sich auf und musste kräftig Husten. Es hörte sich fast so an, wie wenn jemand gerade verrecken würde.

Natürlich alles nur Show. Ich drehte mich um und musste erst einmal auch lachen. Dann sah ich auf die Uhr. „Ähm, Andy? Wir sollten vielleicht mal anfangen wir haben nämlich schon halb!", ich deutete auf die Uhr. Wie der Blitz stand Andy auf seinen Beinen und schüttete eine große Portion Mehl in die Schüssel. Er nahm den Schneebesen neben sich und rührte kräftig. Ich schüttete an manchen Stellen noch etwas Wasser hinzu, dort wo es noch richtig mehlig war. Als wir dann endlich fertig waren, liefen zwei Schneemänner aus der Küche, mit einer großen Schüssel voll Teig.

Als Cham uns sah, vielen ihm wie immer die Augen aus dem Kopf, doch dann lachte er und nahm die Schüssel entgegen. „Wenigstens hat sich jetzt das Geschrei in der Küche geklärt!" Andy und ich wollten uns erst einmal das Mehl aus dem Gesicht waschen. Auch da bekamen wir noch Kicheranfälle.

Als wir zurück zum Lagerfeuer gingen grillte Cham Würstchen. Neben ihm stand die riesige Teigschüssel. Wir waren die ersten, die kamen. Es war erst zwanzig vor sieben. „Was machst du denn mit unserem, mit viel Liebe gemachten Teig?", ich deutete auf die Schüssel neben ihm. „ Pizza selbstgemacht auf einem heißen Stein im Feuer!" antwortete Cham, „ach könntet ihr noch die Tabletts holen? Mit Salami, Käse, Tomatenpaste, ihr wisst schon. Wir nickten und machten uns schon auf den Weg. In der Küche standen zwei beträchtliche Tabletts auf der Bar. Auf der einen Pilze und Früchte, auf der anderen Wurst und Käse. Ich nahm die kleinere Schüssel mit Tomatenpaste und streckte Andy die Zunge heraus. Der Arme musste gleich zwei große Tabletts tragen. Ich stellte die Schüssel neben Cham ab und ging zurück in die Küche. Andy war gerade dabei das eine Tablett zu nehmen, als ihm das andere auf den Boden viel. Schnell machte ich mich auf die Pilze, Oliven und Ananasstückchen aufzuheben.

„Das merken die doch nicht!", flüsterte ich Andy zu, der jetzt auch neben mir kniete und mir half. - „Von den Sachen leg ich bestimmt nichts auf meine Pizza!" - "Ne'!" Wir mussten uns wieder ein kichern verkneifen, als wir die Tabletts zu Cham trugen. „Danke euch zwei!", rief Cham freundlich. Wir setzten uns nebeneinander und nahmen uns ein paar Stücke Teig aus der Schüssel, aus denen wir unsere Pizzen formten. Da kamen die ganze Campingtruppe auch schon. Vitray setzte sich neben mich.

„Und wie war es?", fragte sie mich. Ich erzählte ihr die ganze Mehlschlacht, wie ich wie eine verrückte herum gerannt bin und wie Andy sich kichernd hinter der Bar versteckt hatte. Vitray grinste breit. Sie schaute misstrauisch auf unsere Lappen aus Teig. „Was macht ihr denn da?" – „Pizza! Mehr oder weniger, den Pizzateig!" Vitray machte es uns nach, genau wie all die anderen.

An diesem Abend aß ich viel und vieles, außer die Pilze, Oliven oder Ananasstückchen. Wouve, Eilen und Vitray auch nicht, weil wir sie vorher gewarnt hatten, zum Glück. Aber die anderen, die nichts davon wussten, aßen sie einfach und wir mussten uns jedes Mal ein lachen verkneifen. Wir sangen noch ein paar Lieder zu Chams Gitarre, bevor er uns noch etwas mitteilte: „Also, wie die meisten von euch schon gesehen haben, hängt bei der Küche eine Anmeldeliste, für den Surfwettkampf. Die Anmeldungen laufen bis Morgen, also hoffe ich, dass sich noch ein paar eintragen. Bisher sind es ja schon fast zehn. Es wäre echt stark, wenn alle mitmachen würden, aber ihr müsst nicht!" Danach war das Lagerfeuer zu Ende und wir gingen zurück zu den Zelten. Ich wartete noch auf Andy, bevor ich ging. Arm in Arm liefen wir über den Strand und als wir vor meinem Zelt standen, legte er die Hand auf meine Wange und küsste mich zum Abschied. Dann machte er sich selber auf den Weg zu seinem Zelt. Ich jedoch blieb angewurzelt vor dem Zelt stehen und schwärmte ihm hinterher. Vitray tauchte neben mir auf. „... und, seit ihr jetzt zusammen?" Ich kniff die Augen zusammen, drehte mich zu ihr um und begann vor Freude schreiend auf der Stelle zu hüpfen und viel Vitray um den Hals. „Und du findest das auch gar nicht zu plötzlich?" „Nein, gar nicht! Ich finde es einfach nur Wahnsinn, nein, es IST Wahnsinn!"

Glücklich ging ich mit Vitray ins Zelt und legten uns auf die Betten. Noch im Liegen konnte ich nicht aufhören zu strahlen. Ich schlief sehr spät ein, die ganze Zeit musste ich an Andy denken und daran, was er gerade dachte. Je mehr ich darüber nachdachte, desto trauriger wurde ich. Vielleicht denkt Andy gerade, dass es ein Fehler war und er es gar nicht mehr will. Oder er meint es gar nicht ernst und das ganze ist nur ein dummes Spiel für ihn. Ach Cémie, so darfst du gar nicht denken, du kennst doch Andy, so ist er nicht. Wie genau kennst du ihn eigentlich. So lange schon um das wissen zu können, oder mit ihm zusammen zu gehen? Du weißt doch im Grunde gar nichts über ihn überlegte ich. Ich schlug mir auf den Kopf. Was dachte ich da nur immer. Ich wusste, dass er der netteste und lustigste Junge war, mit dem ich je befreundet war und dass ich ihn sehr gerne habe. und mich bei ihm wohl fühle Und für den Anfang reichte das doch völlig.

Wie immer wachte ich früh auf. Früher als alle anderen. Ich hatte vor für den Wettkampf zu üben und zog mich an. Die Umhängetasche mit dem Kompass versteckte ich ganz unten in meinem Koffer. Ich brauchte ihn fürs Surfen nicht. Ich ging aus dem Zelt. Sofort strömte mir die eiskalte Luft entgegen. Der Himmel war grau und das Meer in einem schwarzen Ton. Nicht gerade das schönste Wetter, doch das hielt mich nicht auf. Ich rannte rüber zum Schuppen und nahm mir ein Board. Als ich im Wasser war band ich zur Sicherheit die Sicherungsleine um mein Bein. Die Wellen waren richtige Brecher. Als ich eine Welle sah, paddelte ich los. Wie immer versuchte ich alles was ich konnte ein zubauen. Ich schaffte sogar drei Snaps auf dieser Welle. Der Snap war längst kein Problem mehr für mich. Bei den ersten fünf Wellen klappte alles super. Ich fühlte mich sicher auf dem Board. Wenn ich bei den Qualifikationen auch so surften würde, würden sie mich bestimmt weiter lassen. Als ich bei einer Welle nicht rechtzeitig unten drunter tauchte, spülte sie mich vom Bord und wirbelte mich durchs Wasser. Mein Board tauchte neben mir auf und ich klammerte mich daran fest. Nein, die Wellen waren heute viel zu groß, um richtig trainieren zu können. Hoffentlich ist das nicht auch bei den Qualifikationen so.

Ich ließ mich von einer Welle zum Strand treiben und nahm mein Board wieder mit zum Schuppen. Innen drin begegnete ich Cham. „Du warst schon surfen?"

„Ja, aber die Wellen sind heute doch eine Nummer zu groß für mich!"
„Liegt wohl an dem Wind heute. Das legt sich heute Nachmittag bestimmt wieder!"
„Meinst du?" Cham nickte aufmunternd.

Ich lehnte mich gegen einen Pfosten, da hörte ich, wie jemand durch den Sand joggte. Es war Andy. „Stehst du immer so früh auf?", fragte ich ihn. „Nur wenn du es tust!" Ich kam zu ihm herüber und er gab mir einen Schmatzer zur Begrüßung. „Du bist ja schon nass, kleine Wasserratte!"
„Ja, ich bin ein Mal von der Welle gespült wurden."
„Du warst schon surfen? Man, dich kann ja echt keiner einholen!"

Arm in Arm liefen wir über den Strand. „Ach, Cémie!", rief Cham uns noch hinterher, „Wir haben Jase Eltern immer noch nicht gefunden. Hellen und Peter haben sich überlegt, ihn zur Adoption freizugeben. Sie fahren ihn morgen in die Stadt, also wenn du ihn noch mal sehen willst. Er ist, wenn du bei der Küche die Treppe hoch gehst, in dem Raum links!" Natürlich wollte ich ihn noch einmal sehen. Sofort rannte ich los zur Küche und dort die Treppe hoch während ich Andy hinter mir her zog. Oben ging ich, wie Cham es gesagt hatte, in den linken Raum. Jase saß zwischen Bauklötzen und Autos, mit denen er eifrig spielte. Als er mich sah, zeigte er seine kleinen Zähnchen und kam zu mir gelaufen. Ich hockte mich hin und breitete die Arme aus. „Na, kennst du mich noch?" Ich hob den kleinen hoch. Da kam Hellen aus einem Nebenzimmer: „Ah, Cémie! Schön das du noch Mal vorbei schaust. Du weißt nicht, wie oft er schon heute nach dir gefragt hat!"
„Ihr wollt ihn also wirklich adoptieren lassen?"
„Ja, wir haben alles getan, um seine Eltern zu finden! Und irgendwo muss er ja ein zu Hause haben. Was hätten wir denn sonst machen sollen?"
„Könnt ihr ihn nicht einfach behalten?"
„Nein, leider nicht. Wir haben viel zu viel zu tun um uns dauerhaft um ihn zu kümmern. Sonst würden wir es sofort machen!"

Ich war ziemlich traurig, das Jase fort musste. Er war fast wie ein kleiner Bruder für mich geworden, „möchtest du morgen vielleicht mitkommen?" Ich nickte eifrig und nahm Jase wieder herunter. „Und wann morgen?"

„Direkt morgen früh, bevor die ganzen Eltern zu Besuch kommen."

„Heißt das, dass er morgen schon adoptiert werden könnte. Rein theoretisch?"

„Theoretisch ja!"

Die Stirn lag mir in Falten. Wenn Jase Morgen wirklich schon weg musste würde ich ihn endgültig nie wieder sehen. Er würde größer und größer werden und mich vergessen. Und ich würde ihn sogar gar nicht mehr erkennen.

Als Andy und ich wieder hinunter an den Strand gingen, fragte er mich, ob alles in Ordnung war. „Ich habe gewusst, dass es irgendwann so kommen wird. Er wird mir schon sehr fehlen", antwortete ich und bekam leuchte Tränen in den Augen. Andy schloss mich in seine Arme und küsste mir auf die Stirn. „Das ist doch kein Abschied für immer. Du wirst ihn wieder sehen!"

„Das glaubst du?", ich war unsicher.

„Ja, auch wenn ich für dich bis zum Südpol reisen muss, oder noch weiter, um ihn zu finden. Ich verspreche dir, dass du ihn wieder siehst!", flüsterte er mir. Ich lächelte zufrieden.

Andy schien es ernst gemeint zu haben. Auch wenn ich wusste, dass die Chance gleich eins zu Hundert war, dass ich ihn wiedersehen würde! Andy machte dass nichts aus, so überzeugt wie er war. „Komm, ich zeige dir etwas!", rief Andy nach einer kurzen Weile. Er zog mich hinter sich her. Dieses Mal nach links, an der Hütte vorbei. In der Ferne war ein kleiner Steg, auf den wir gingen. Der Steg war schon alt, die Nägel verrostet und das Holz von unten morsch und mit Moos bewachsen. Der Steg ragte bestimmt fünfzehn Meter ins Wasser. Am Ende setzten wir uns hin. Andy zeigte auf das kristallklare Wasser, in dem man die großen Steine mit den kleinen bunten Sträuchern sehen konnte.

„Viele Schildkröten kommen hier her um zu brüten!", erzählte Andy, „Hier surft nämlich keiner, weil das Wasser hier zu steinig ist, um ins Meer zu paddeln." Wir sahen eine Weile ins Wasser bis Andy wild auf einen grün, gelben Stein zeigte, der sich bewegte. Es war eigentlich kein Stein, sondern der Panzer einer Schildkröte. Die großen Paddel und der kleine Kopf waren über dem Sand kaum zu erkennen gewesen. Ich lächelte Andy überrascht an. „Na was sagte ich?" Andy legte einen Arm um mich. Wir sahen der Schildkröte noch eine ganze Weile zu, bis sie wieder Kehrt machte und fort schwamm.

„Morgen wird Jase auch einfach so davon schwimmen!", seufzte ich. „Ja, das wird er. Aber nicht für immer..." Da hörten wir Schritte über den Steg klacken. „hier habt ihr Turteltauben euch versteckt!", Vitray schubste Andy ins Wasser. Hinter ihr tauchten Eilen und Wouve auf. Ich lachte nur kurz. Vitray hockte sich neben mich. „Was ist denn los, Maus?" – „Jase wird morgen adoptiert. Sie haben immer noch nicht seine Familie gefunden. Es bleibt ihnen wohl nichts anderes übrig!" Vitray nahm mich in den Arm und strich mir tröstend über den Rücken.

Den Rest des Tages wollten wir surfen gehen, doch wir machten meistens etwas anderes wie uns gegenseitig von den Boards werden oder versuchen auf ihnen zu tanzen. Also wirklich surfen konnte man das eher nicht nennen, aber so waren wir. Am Abend machte Cham wieder ein Lagerfeuer. Jase war auch dabei. Es war praktisch eine Abschiedsrunde. Alle sagten ihm noch ein paar Abschiedsworte zu und wünschten ihm viel Glück. Doch Jase hatte nur Augen für mich und er hörte auch nur mir wirklich zu. Ich sagte ihm, dass er bald nette Menschen kennen lernen würde, bei denen er immer bleiben wollen würde. Und dass ich ihm kein schönes Leben wünschen müsste, weil ich genau wusste, dass er eines haben würde. Aber Jase schien die Worte nicht wirklich wahrzunehmen. Er überlegte, doch er begriff es nicht. Es wäre wohl so auch besser für ihn.

An diesem Abend machte ich den Mund nicht mehr auf. Mit Tränen in den Augen sah ich in das verschwommene, leuchtende Gelborange der Flammen. Ich war mit den Gedanken bei der Familie von Jase. Die Mutter schrie nur herum und warf Teller nach dem Mann. Der Mann schlug und tritt sie. Jase wollte eingreifen, doch der Mann schlug auch ihn.

„Cémie? Huhu?", Vitray winkte wild vor meinen Augen, als ich wieder von meinem Traum aufwachte. Eine Träne kullerte über meine Wange und Vitray wischte sie weg. „Das wird schon", sagte sie bloß. Ich hatte keine Ahnung, was sie damit meinte.

In der Nacht konnte ich kein Auge zu machen. Ich dachte auch über nichts nach, einfach über gar nichts. Es schien alles so sinnlos zu sein. Warum ich hier war oder was ich machte. Es hatte keine Bedeutung mehr. Wenn Jase erst einmal weg war, gab es nur noch surfen. Nichts anderes mehr. Wie sollte es auch anders sein. Schlafen konnte ich nicht. Und auch die Qualifikationen rückten näher. Ich hatte schon längst geübt, aber etwas besseres hatte ich nicht vor. Ich schlüpfte wie gewöhnlich aus dem Zelt zu dem Schuppen. Nur das es fast stockdunkel war. Ich tastete mich nach einem Board und nahm einfach das Nächstbeste, das mir in die Hände kam und ab ging es ins Meer.

Von der ersten Wellen wurde ich heruntergespült. Bis dahin war ich noch nie zu vor nachts surfen gewesen, ich hatte auch noch nie wirklich daran gedacht. Die letzten Wellen gingen aber relativ gut, bis auf den Snap. Ich hatte ihn zwar ein paar Mal hinbekommen, aber einwandfrei konnte ich ihn noch lange nicht. In dieser Nacht klappte es kein einziges Mal. Wenn ich wirklich bei diesen Wettkämpfen mitmachen wollte, musste ich noch viel üben. Doch um richtig zu surfen, hatte ich einfach zu viel im Kopf. Wie sollte ich mich denn da konzentrieren können? Ich hatte mir gewünscht, dass Andy oder irgendein anderer aufstehen würde und mit mir zusammen surfen würde. Einfach nur surfen und auf andere Gedanken kommen. Doch keine Zelttüre hatte sich geöffnet. Und auch wenn ich keine besonders große Lust hatte mich weiter im Wasser ab zu quälen machte ich weiter. Sogar die ganze Nacht lang! Als die Sonne aufging war ich immer noch auf dem Board. Ich dachte auch gar nicht darüber nach, wie wenig ich geschlafen hatte, oder wie weich und faltig meine haut schon wahr.

Die Wellen allerdings waren fantastisch gewesen. Was ich gemacht hätte, wenn keine Wellen dagewesen wären, weiß ich nicht. Als ich mich erneut auf einer Welle auf mein Board stellte, hörte ich Chams Stimme vom Strand rufen. Ich schaute mich um und entdeckte ihn am Strand. Ich lächelte und surfte die Welle noch zu Ende, bis ich zu ihm raus kam. „Schon wieder im Wasser?" – „Ich kann gar nicht oft genug trainieren, wenn ich eine Chance haben will. Tags über klappt der Snap, aber auch nur wenn ich die Welle sehe..." – „Du willst mir nicht erzählen, dass du auch im Dunkeln gesurft bist?"

Ich biss mir mit Grinsen auf die Lippe. Cham schüttelte lächelnd den Kopf. „Ich wollte dir nur sagen, dass Peter und Hellen bald losfahren wollen. Du willst doch noch mitkommen?"

Ich seufzte. „Ja, klar. Ich muss mich nur noch schnell duschen und was anziehen."

„Wie wäre es erst Mal mit Frühstück?"

Cham lächelte mir zu und legte einen Arm um meine Schulter. Zusammen gingen wir in die Küche, wo ich frische Brötchen aus dem Backofen holte und er den Aufschnitt zubereitete. Dieses Mal nur für uns zwei. Wir setzten uns zusammen auf die Barhocker und bissen gegenseitig an unseren Brötchen ab. Doch Cham konnte nicht genug kriegen. Immer wieder folgte er mit seinen Zähnen meinem Nutellabrötchen. Ich zog es frech in Schlangenlinien vor seinen schielenden Augen her. Lange konnte ich nicht ausweichen, weil mein Arm irgendwann zu Ende war und drückte ihm das Brötchen mitten ins Gesicht. Die ganze Nutella verschmierte sich über seine Augen und seine Nase. Er sah richtig lecker aus, zum Anbeißen! Er versuchte mit der Zunge die Nutella aus seinem Gesicht zu lecken. Während dessen kriegte ich mich nicht mehr vor Lachen.

Doch eigentlich war dieser Tag gar nicht zum Lachen. Denn als ich vom Duschen und Anziehen zurück in der Küche war standen Hellen und Peter dort. Sie schienen auch nicht ihren Glückstag zu haben. Als sie mich sahen lächelten sie breit. Was gab es denn da noch zu lachen? „Cémie! Da bist du. Wir fahren dann gleich, okay?", entgegnete Peter. Ich nickte nur. „Und...wo ist er?" „Oh, er kommt gleich, er zieht sich gerade seine Schuhe an. „Hellen schob sich eine helle Haarsträhne hinters Ohr. Da kam auch schon ein Poltern die Treppe herunter. Jase hatte keinen bestimmten Gesichtsausdruck. Die Schuhe hatte er anbekommen, nur die Schnürsenkel waren noch offen. Hellen machte sich sofort daran, sie ihm zuzubinden. Als sie fertig war, drückte sie ihm die Mundwinkel hoch und sagte: „Na, bist du bereit?" Jase schaute sie an, als würde sie eine Fremdsprache sprechen. Umso besser für ihn. Ich versuchte einigermaßen zu lächeln und entspannt zu wirken, auch wenn ich in meinem Innern geweint habe.

Es war schon zwanzig vor neun. Die anderen sollten langsam aus ihren Betten kommen. Faul wie immer, hätte ich gedacht, doch heute kümmerte es mich noch weniger. Jeden Schritt den ich tat wollte ich am liebsten rückgängig machen oder zu mindestens langsamer. Ich versuchte mir alles einzuprägen, dass ich es später nicht vergessen würde. Ich genoss jede Sekunde, in der Jase noch da war, obwohl man das nicht wirklich „genießen" nennen konnte. Wir stiegen die Steintreppen zu dem kleinen Parkplatz hoch. Hellen ließ Jase für einen kurzen Moment bei mir während sie schon einmal den Bus klar machten.

Ich hockte mich in Jase's Sichthöhe und spürte, wie mir die Tränen kamen. Erst wusste ich nicht, was ich zu ihm sagen sollte. „Du kennst doch bestimmt den kleinen Steg am Strand, oder?", Jase nickte mir zu, „weißt du da kommen manchmal Schildkröten hin, weil sie dort geboren wurden und weil sie wissen, dass sie dort hingehören. Und auch wenn sie fast ihr gesamtes Leben Kilometer weit weg im Meer schwimmen vergessen sie diesen Ort nie und eines Tages kommen sie wieder. Auch wenn du jetzt weit weg fährst und älter wirst, du wirst genau wie die Schildkröten auch wiederkommen.", wimmerte ich. Ich sagte ihm das, damit wenigstens er es locker nehmen konnte. Dass er nicht denken musste, dass er uns nie wieder sehen würde, auch wenn es in Wirklichkeit so war.

Hellen öffnete die Bustür. Ich nickte Jase zu und stand wieder auf. An der Hand nahm ich ihn mit zum Bus. Doch als wir einsteigen wollten, löste sich Jase aus meinem Griff und rannte die Steintreppen wieder herunter. „Jase!", riefen wir drei fast gleichzeitig und rannten ihm hinterher. Am Strand hielten wir Ausschau nach links und rechts. Da sah ich einen kleinen schwarzen Kopf ins Meer laufen. Ich holte mir ein Board das zufällig am Strand lag. Schnell rannte ich ihm weiter hinterher und hörte Peter meinen Namen rufen. Doch ich reagierte nicht. Wenn Jase draußen von einer riesigen Welle verschluckt wird? Und durchs Wasser ohne Luft hin und her gewirbelt wird?

Ich schmiss das Board ins Wasser und warf mich drauf. In schnellen, kräftigen Zügen paddelte ich Jase hinterher. Jase jedoch war schon ganz weit draußen. Immer wieder verschwand sein Kopf hinter den Wellen. Ich tauchte noch schneller die Arme ein und zog noch kräftiger nach hinten. Ich kam völlig außer Atem, doch daran dachte ich in diesem Moment nicht. Als ich endlich fast neben Jase war, griff ich nach seinem Arm und zog ihn auf mein Board. „Warum haust du denn einfach ab? Komm ich bring die zurück, das hat doch keinen Sinn! Halte, dich gut fest, Jase!" Dann paddelte ich so schnell es ging zurück Richtung Strand.

Doch was war das? Peter und Hellen winkten wie wild am Strand und zeigten auf etwas. Als ich zurück schaute, sah ich eine graue Spitze, die uns immer schneller hinterher Schwamm. Mein Bauch zog sich mit einem Kribbeln zusammen und mein Herz hielt an. Erst war ich so gelähmt, dass ich nicht reagieren konnte, bis mir einfiel, dass ich wegschwimmen musste, und zwar so schnell es ging! Ich versuchte noch schneller zu paddeln, doch ich gab schon alles, was ich konnte. Als das Wasser an Tiefe verlor und der Sand langsam zunahm, rief ich zu Jase:" Los, schwimme zum Strand, beeile dich!" Sofort schwamm Jase schnell los. Ich war mir sicher, dass der Hai ihm in dieses flache Wasser nicht folgen würde. Ich schaute wieder hektisch nach hinten. Die Flossenspitze kam bedrohlich nah. Vielleicht musste ich den Hai zusätzlich ablenken. Da sah ich eine Welle, die neben der Flosse auftauchte.

Schnell paddelte ich vor und als die Welle mich erreichte, stand ich auf mein Board. Wackelig richtete ich mich auf, doch ich stand sicher. Nun schlug ich Harken, um den Hai jetzt von mir abzubringen. Er schwamm mir jedoch gerade aus hinterher. Ich surfte weiter gerade aus. Ich wusste, dass der Hai schneller war als ich. In mir pochte es und meine Haut brannte. Ich hatte keine Ahnung, was ich machen sollte.

Doch da kam mir eine Idee. Ich surfte hoch zum Lip, holte mit meinem rechten Arm Schwung, ging in die Hocke und surften einen Snap, nur dieses Mal surfte ich nicht genau zum Strand, sondern zurück, dem Hai entgegen. Ich nahm an Geschwindigkeit zu. Der Hai bewegte sich hektischer, als ob er zum Endspurt anschwamm. Als ich direkt vor ihm war und er schon sein Maul am öffnen war, ging ich in die Hocke und sprang samt Board in die Höhe, über den Hai hinweg und landete hinter ihm wieder mit Fahrtrichtung Strand. Ich atmete auf. Ich hatte es geschafft. Ich hätte niemals erwartet, dass es wirklich klappen würde. Ich ließ mich von der Welle bis zum Strand trieben und stieg dort vom Brett. Peter und Hellen jubelten, pfiffen und applaudierten und rannten sofort zu mir.

„Cémie, unglaublich, was du da abgeliefert hast!", meinte Hellen „Ja, du bist einfach über den Hai gesprungen, unglaublich!", rief Peter. Ich hingegen musste erst einmal kräftig durchatmen. „Das nächste Mal überlässt du uns das lieber uns. Du hättest tot sein können!", meinte Hellen auf einmal ernst. Klar daran hatte ich auch nicht gedacht. Es war wie ein Reflex oder besser wie ein innerer Zwang, doch das hätte die Lage auch nicht viel besser gemacht. „Cham!", rief Peter da auf einmal. Cham kam mit Jase auf dem Arm zu uns. „Was hat diese nasse Ratte denn hier verloren. Solltet ihr nicht schon längst in der Stadt sein?" „Cham, pass auf, dass niemand heute ins Wasser geht!", mahnte Peter nur. „Was?", Cham runzelte die Stirn. – „Haialarm! Also, wir fahren mit Jase in die Stadt, bis dahin hältst du hier die Stellung. Wenn ich zurückkomme, fahren wir mit dem Boot raus, alles klar?" Cham nickte, während Hellen mit Jase zur Hütte ging um ihm etwas neues anzuziehen, vermutlich! Ich hingegen blieb bei Cham. „Meinst du Peter wird den Hai töten?" -"Muss er wohl. Er riskiert den ganzen Strand und auch die Urlauber. Außerdem, wenn der Hai da ist, wird keiner surfen. Und kein Surfen, heißt kein Wettkampf." Ich sah der Flosse hinterher, die langsam in der Ferne verschwand. Hoffentlich würde er weit hinaus aufs Meer schwimmen und nicht mehr zurückkommen. Was ihn wohl an die Küste verschleppt hatte?

Als Peter, Hellen, Jase und ich endlich im Bus saßen fiel mir der Abschied nicht mehr so schwer. Es lag wahrscheinlich daran, dass ich mich schon damit abgefunden hatte. Außerdem schien es so, als würde Jase verrückt nach dem Meer sein. Er würde bestimmt surfen lernen, wenn er hier auf

Hawaii bleiben dürfte. Und wenn er surfen würde, warum sollte er nicht ins Camp gehen? Jedenfalls hoffte ich das. Anders wollte ich auch gar nicht denken. Ich hatte Jase auf meinem Schoß. Noch war er ja nicht weg.

Auch wenn die Fahrt höchstens zehn Minuten ging und sich anfühlten wie fünf, war ich froh gewesen. Peter schaltete den tuckernden Motor aus und schmiss die Türen auf. „Also, es ist so weit." Wir standen vor einem kleinen, blauen Gebäude, mit gelben Schmetterlingen darauf. Es schien mehr wie eine Art Kindergarten, für mich. Vor der Türe klingelte Peter. Ich hockte mich wieder neben Jase. Dieses Mal konnte ich leicht lächeln, weil ich mehr Zuversicht hatte. Auch Jase lächelte. „Und du bleibst trotzdem meine Schwester?" Ich lächelte noch mehr und nahm Jase in den Arm. „Für immer!", flüsterte ich.

Eine Frau mit braunen, kurzen Locken öffnete die Tür. Sie war jung und hübsch. Als sie uns sah lächelte sie. „Ist das Jase?", fragte sie mit einer angenehmen, ruhigen Stimme. Peter nickte. Die Frau nahm Jase an der Hand und lächelte ihn freundlich an, als sie langsam mit ihm reinging. Bevor Jase in der großen Glastür verschwand, schaute er sich zu mir um und winkte zum Abschied. Ich winkte ihm zurück. Die Türe ging hinter ihnen zu. Peter und Hellen machten sich schon zurück zum Bus doch ich blieb noch eine Weile stehen bis ich ihnen folgen konnte. Peter schaute mich fragend an und ich nickte. Beim Zurückfahren war es komisch ohne Jase auf dem Sitz zu sitzen und zu wissen, dass er auch nicht beim Camp wartete. Aber wer weiß, vielleicht nahm ihn jetzt sogar schon eine Familie mit.

Am Camp angekommen war der Strand immer noch leer. Klar, alle waren am Spätfrühstücken. Während Peter Cham suchte, um mit dem Boot raus zu fahren, lief zur Küche. Vitray lächelte als sie mich sah und schaute mich fragend an. Wieder nickte ich. Ich setzte mich zu ihnen. Cham war nicht da, bemerkte ich, er war das Boot holen oder so was. Ich erzählte Vitray von Jase, wie er nicht mitwollte und ins Meer gerannt war, und von dem Hai, und das Peter mit Cham gerade nach ihm suchten.

Vitray staunte nicht schlecht und wendete sich gleich an die anderen. Auch Eilen, Wouve und Andy waren am staunen und bedauerten, dass sie nicht dabei gewesen waren. „Hattest du denn gar keine Angst?", fragte Vitray. „Ehrlich gesagt, hatte ich gar keine Zeit darüber nachzudenken. Und wenn er mich verletzt hätte, was soll es? Ich habe doch einen Kompass!" – „Stimmt, auf die Kompasse!", Vitray hob ihre Tasse. „Schreit nicht so laut", flüsterte Wouve. Doch ich nahm meine leere Tasse und ließ sie gegen Vitrays klirren. Ich tat so, als würde ich draus trinken. Als ich sie abstellte, schaute Vitray in meine Tasse. „Da ist doch gar nichts drin!" „Ach ne!", rief ich lachend und auch sie begann zu lachen.

Nach dem Frühstück wollten die Gang und ich noch für den Wettkampf üben. Oder wohl besser für die Qualifikationen. Andy wollte mir helfen auf den ganz kleinen Surfboards für Profis zu surfen. Das Board, was ich nun hatte war spitzer und nicht viel länger als ein Meter. „Du bist schneller mit den Profiboards und kannst auch besser lecken, weil sie sich besser an die Strömung des Wassers anpassen", erklärte mir Andy, „doch der absolute Hauptgewinn ist immer noch die Tube!" – „Ja, davon habe ich schon gehört!" – „Durch eine Tube surfen ist das absolut Beste, was dir passieren kann. Es ist wie ein lebendiger Tunnel, der dich durchs Wasser schiebt. Wenn du beim Wettkampf gewinnen würden wolltest müsstest du das können. Peter hat es mir letztes Jahr beigebracht. Ich bin bisher nur kleine Wellen gesurft. Mein absoluter Traum wäre es eine Große mit einer Tube zu surfen. Egal wann! Dieses Gefühl ist unbeschreiblich, wie Magie, hatte Peter gesagt. Aber wenn du da draußen bist, geht es nicht mehr nur um Gleichgewicht und Balance", Andy zeigte aufs Meer, „wenn du eine Tube reiten willst, musst du eins sein mit dem Meer. Du darfst es nicht beherrschen oder bezwingen wollen, sondern du musst mit ihm zusammen arbeiten. Seine Bewegungen fühlen und dich danach richten!"

Für manche klangen diese Worte wohl wie die eines Surfprofies. Aber für mich waren es die Worte, die aus einem Menschen, der auf einem Board stand, einen Surfer machten.

Hier im Camp hatte bestimmt jeder schon mal so etwas gehört. Aber wirklich umgesetzt? „Und...wie mache ich das?" – „Du musst ziemlich in die Hocke gehen und fest stehen und vor Allem ruhig." Ich nickte und wir liefen ins Wasser. Doch an diesem Tag hatte ich gerade Mal zwei Snaps geschafft. Das war es dann auch schon.

Vitray hatte einen langen, roten Strich am Bein. Sie hatte bei ihrer letzten Welle das Riff gestreift. Schnell holte ich meinen Kompass im Zelt, ich wollte ihn nicht immer mitschleppen. Ich öffnete ihn und gleichzeitig gingen alle Drehrädchen auf. „Das geht schon!", meinte Vitray. Ich hockte mich neben sie und lächelte ihr zu. „Nein, nein. Warum Schmerzen aushalten, wenn es anders geht? Komm schon, ich habe das Ding nicht einmal benutzt! Du willst doch nicht das es alt und verstaubt wird!" Vitray lachte leise.

Ich drehte an dem Rädchen mit dem Stern und in dem schwarzen Kasten unten konnte ich Vitray sehen. Ich drehte den Pfeil zu ihrem Bein. In dem Kasten wurde es nun Gold umrandet. Den Pfeil mit dem Blitz auf der runden Skala drehte ich auf 15. Als ich ihn los ließ, vibrierte der Kompass ein bisschen und ganz plötzlich fing er wieder lila und silbern zu leuchten, wie beim ersten Mal, als ich ihn gesehen hatte. Die Strahlen sammelten sich gemeinsam auf Vitrays Bein und nach drei Sekunden waren sie wieder ganz verschwunden. Der Schnitt war weg. Ich staunte nicht schlecht und klappte zufrieden den Kompass wieder zu.

Vitray lächelte nur, sie schien diesen Vorgang schon oft erlebt zu haben. Kein Wunder! „Ich glaube von jetzt an brauche ich nie wieder Angst vorm Blut abnehmen haben!", rief ich froh und klatschte in Vitrays flache Hand ein. Die Jungs sagten, sie würden ihre Kompasse auch holen, solange gingen Vitray und ich zum Zelt, zogen uns um und liefen in die Küche und tranken Cola an der Bar.

„Ich glaube Andy ist jetzt unser Opfer!", meinte Vitray. – „Oh ja!" Wir prosten unsere Gläser an und tranken darauf. Doch dann sah Vitray auf den Boden und erschrak sich so sehr, dass sie laut aufschrie und ihr Glas fallen ließ! Auch ich hatte mich erschrocken, auf dem Boden kroch eine lange, schwarze Schlange. Doch auf einmal löste sie sich einfach auf. Die drei Jungs kamen zur Küche herein. Das durfte doch nicht wahr sein! Hatte Wouve uns tatsächlich reingelegt, er mit seiner Angst vor

Schlangen. Mit einem fiesen Grinsen klappte er den Kompass zu und lachte sich mit Eilen einen ab. Mit einem höhnischen Grinsen stand ich auf und kippte Wouve den Rest meiner Cola mitten ins Gesicht. Wouve machte zu erst gar nichts und wischte sich die Cola aus den Augen. Dann knurrte er mich spaßig an und ich dachte mir: Nichts wie weg! Ich rannte lachend aus der Küche und Wouve mir hinterher. Irgendwann hatte ich keine Kraft mehr, weil ich so arg lachen musste. Eilen und Vitray rannten uns auch hinter her. Als Wouve neben mir ankam hob er mich an den Hüften hoch und trug mich ins Bauch hohe Wasser. Ich hatte keine Kraft, mich loszureißen, weil ich immer noch ununterbrochen am Lachen war. Erst dann schmiss er mich ins Wasser und wir spritzen uns gegenseitig nass. Dann kamen auch Eilen und Vitray ins Wasser und machten mit. Dass Andy nicht dabei war, merkten wir da überhaupt nicht.

Am Abend, als das Lagerfeuer schon brannte, machten wir uns alle eine heiße Tasse Tee. Ich weiß nicht mehr, wer auf diese Idee gekommen war, dass die Jungs auch Tee tranken! Vitray holte unauffällig ihren Kompass heraus. „Was machst du denn?", flüsterte ich. „Wirst du schon sehen." Sie drehte ein paar Mal an den Rädchen und als sie fertig war, versteckte sie ihren Kompass schnell in ihrer Hosentasche und grinste mich an. Ich beobachtete Eilen, der gerade aus seiner Tasse trank. Als er den Schluck im Mund hatte, runzelte er die Stirn, machte die Augen groß und spukte den Tee wieder aus. Mit dem Tee kam eine winzig kleine Qualle heraus. Eilen schaute in seinen Tee. „Vitray!", rief er und die musste sich fast tot lachen. Auch Wouve und ich lachten. „Ihr missbraucht die Teile nur!", rief Wouve immer noch lachend. „Uuuh missbrauchen!", Vitray musste noch mehr lachen. „Kriminelle!", meinte ich. Wouve klopfte sich auf den Schenkel. Ich stellte meine Tasse auf die Bank und stand auf. „Wo gehst du denn hin?", fragte Wouve. „Für kleine Mädchen!" Ich hörte noch, wie die drei sich darüber lustig machten.

Ich lief zum Klo, ... doch ging die Tür nicht rein. Ich hörte ein Rascheln und schaute mich um, doch ich sah nichts. Es war wohl der Wind, dachte ich. Als wieder aus dem Klo kam, sprang plötzlich ein Schatten aus dem Gebüsch vor mich. Es war wohl einer der Momente, in denen ich fast einen Herzendfakt bekommen hätte. Doch als ich genauer hinschaute erkannte ich ihn scheinheilig. Es war Andy. „Andy?", fragte ich ungläubig. Der Schatten nickte. Erst jetzt war mir aufgefallen, dass Andy die ganze Zeit nicht dabei gewesen war. Doch ich wollte ihn nicht darauf ansprechen und wollte ihn nur küssen. Doch er drehte den Kopf zur Seite. Die Situation war ihm von vorne bis hinten peinlich. Er atmete tief durch und legte einen Arm um mich. „Komm, die anderen warten schon!" Ja, langsam kamen auch die anderen zum Lagerfeuer.

Cham hatte es nach dem Mittagessen angekündigt, dass wir heute wieder am Feuer sitzen weil er eine Überraschung für uns hatte. Wir setzten uns zu Vitray, Wouve und Andy auf die Bank. Die schauten erst halb überrascht halb erschrocken Andy an. Sie merkten wahrscheinlich auch jetzt erst, dass er fast den ganzen Tag gefehlt hatte. Doch als Cham kam, wanden sich ihre Blicke ab.

„Ach, seid ihr alle schon da! Sehr gut, wie ihr wisst habe ich eine Überraschung für euch. Ab heute haben wir jemand neues im Camp!", er drehte sich um und Pfiff in die Finger. Von den Treppen der Küche her kam lautes Gebell und ein großes Hund, mit weißem Fell und einer hechelnden Zunge kam angelaufen. Er lief zu Cham rüber, der ihn über den Kopf streichelte. „Das ist Conny, unsere neue Rettungshündin!", verkündete er. Ich glaube ziemlich jedes Mädchen hatte an diesem Abend: „Oh wie süß!" gerufen. Conny hatte ein freundlich Gesicht und große hellblaue Augen, eine pinke Nase und kurze Schlappohren. Erst einmal durfte jeder sie streicheln, bis Cham anfing zu erzählen: „Peter und Hellen hatten schon länger vor sich einen anzuschaffen, falls mal etwas passieren sollte. Na ja und Peter hat ihn bei seinem Freund abgekauft." Conny war unheimlich neugierig auf jeden. Ein kleiner Wildfang, würde mein Dad sagen.

Alle waren glücklich über unseren neuen Hund. Doch als ich herüber zu Andy schaute, merkte ich, dass er gar nicht froh war. Er schaute den Hund an und war völlig in Gedanken verloren. Ich wusste nicht, was mit ihm los war. Erst tat er so, als wären wir gar nicht zusammen, dann haute er ab, überraschte mich beim Klo, ließ sich nicht von mir, seiner

Freundin, küssen und jetzt das! Das reichte mir, ich wollte wissen was los ist:

„Andy, was ist...", doch ehe ich zu Ende gesprochen hatte, stand Andy auf und verließ das Lager. Und was war das jetzt? Vitray und die zwei anderen Jungs schienen das auch bemerkt zu haben und schauten mich verwirrt an. Doch ich zuckte nur mit den Schultern. „Sind Andy und du nicht zusammen?", fragte Eilen. – „Doch eigentlich schon..." „Das ist bestimmt nur so eine Phase. Der kriegt sich wieder ein!", meinte Vitray. Eilen nickte und kümmerte sich nicht weiter darum. Wouve schaute nachdenklich ins Feuer. Es flackerte hell und leuchtend. Sanft wiegten sich die blau, gelben Spitzen im leichten Abendwind.

6. Achtung-Kompass!-Tag

Diese Nacht hatte ich gut geschlafen. Kein Wunder, ich war total müde an dem Abend gewesen, da ich in der vorherigen Nacht kaum geschlafen hatte. Doch ich wachte früh auf, früher als sonst. Es waren Stimmen, die vor dem Zelt sprachen. Ich schaute mich um. Rica schlief noch, doch Vitrays Bett war leer. Schnell zog ich meinen Bikini an und nahm meinen Kompass in der Umhängetasche mit. Ich trat aus dem Zelt.

Vitray, Wouve und Eilen stritten mit Andy. „Was ist denn los?" Andy schaute Wouve drohend an, dann sagte er schnell: „Nichts, gar nichts." Ich zog die eine Augenbraue hoch. Danach schaute ich die anderen an, doch die grinsten nur künstlich. Hatten sie jetzt doch noch Geheimnisse vor mir. „Und ich dachte, ich gehöre zu euch dazu!", rief ich wütend und wollte abziehen. „Cémie!", reif Vitray mir leise hinterher. Ich hatte gedacht, dass wenigstens Andy das sagte, doch er blieb still. „Bleib doch!", meinte Wouve dann. „Ja, ohne dich ist es langweilig!", gab Eilen zu. „Wer soll mir denn dann mein Bein heilen?", sagte Vitray lachend. „Ja, sieh dir mal meine Beine an, die haben lauter blaue Flecken!" Eilen tippte wild auf seinem Schienbein herum.

Ich musste einfach nachgeben. Alle lachten zufrieden, alle bis auf Andy. Doch das kümmerte mich nicht, nicht mehr. „Hey sollen wir schon mal in die Küche gehen und uns schon Mal was zu trinken machen. Kaba-Schokolade, heiße Milch, Tee?", fragte Wouve die Runde. „Wenn Vitray mir keine Quallen in den Tee schüttet!" „Musst gerade du sagen, der, der mich von der Steinmauer plumpsen lässt! Und Wouve, der, der mich mit einer Schlange erschreckt!" Auch wenn es nach einer Streitdiskussion aussah, mussten wir alle bei der Erinnerung lachen. Also machten wir uns auf zur Küche.

Dort roch und duftete es in allen Ecken. Cham stand vor dem brutzelnden Herd. „Ach ihr seit es! Heute gibt es bacon and eggs! Und wer will, ich mach gleich auch noch Pfannkuchen!" Uns lief das Wasser im Mund zusammen und ich hatte das Gefühl dahin dahinzuschmelzen, wenn ich auch nur das Wort „Pfannkuchen" hörte. „Was ist denn der Anlass?", fragte ich. Cham zeigte mit der Gabel nach rechts. „Conny!", rief ich begeistert! Als sie ihren Namen hörte rannte sie sofort zu uns. „Ja hallo! Hallo!", flüsterte ich mit heller Stimme ihr zu und streichelte. Sie versuchte meine Haarspitzen abzulecken.

„Conny, Conny!", rief ich lachend. „Die ist euch ja schon richtig ans Herz gewachsen" bemerkte Cham, der gerade die bacon and eggs auf eine Platte schob. „Was seid eigentlich schon so früh auf? Ich muss ja hier die bestimmt mehr als dreißig Pfannkuchen machen!" „Wir wollten noch etwas surfen!", antwortete Wouve. Das war gar nicht so gelogen, die Qualifikation waren bereits in einer Woche! Und mir fehlte noch ein ganzes Stück in der Technik. Klar, der Snap klappte immer besser, inzwischen sogar fast gut, aber ich könnte immer noch herunterfallen und beim Wettkampf darf das nicht passieren!

Dieses Mal ließ ich meinen Kompass im Zelt, genau wie die anderen auch. Wir surften die Wellen in Grund und Boden. Eilen wollte mir sogar zeigen, wie man auf dem Board ein paar Schritte nach vorne und nach hinten läuft. Und das erstaunliche war, ich bin kein einziges Mal hinunter gefallen! Ich habe sogar drei Schritte nach vorne geschafft, nur mit dem Rückwärtslaufen klappt es noch nicht so gut... Aber Übung macht den Meister.

Zwischen durch waren wir noch Frühstücken und haben einen

Esswettbewerb veranstaltet, mit Pfannkuchen. Ich habe vier verdrückt, Vitray vier und einen halben und die Jungs kämpften sich an die zehn heran, doch mit zwölf Pfannkuchen ist Eilen unschlagbar. Andy hatte dieses Mal auch mitgemacht, er hörte bei acht auf. Und als es schon fast Mittag war und wir genug gesurft hatten, hatten wir etwas ganz besonderes vor. Etwas, das Vitray Eilen und Wouve jedes Jahr, seit sie hier waren, gemacht hatten. Der Achtung-Kompass!-Tag.

Wouve erklärte die Spielregeln:" Also wir nehmen alle unsere Kompasse und versuchen den anderen eins auszuwischen, wenn sie es nicht erwarten. Aber bitte keine Verletzten! Macht ihr alle mit?" Na klar machten wir mit. Erst ein Mal holte jeder seinen Kompass. „Hey, Vitray also jeder darf sich bei jedem einen Scherz mit seinem Kompass erlauben?", fragte ich sie, als ich in meiner Tasche kramte. „Ja, so in etwa. Aber nur bei denen, bei denen du sicher weißt, dass sie einen Kompass haben. Du weißt doch, wir müssen immer total vorsichtig sein, dass das ja keiner sieht!", Vitray verdrehte die Augen. Richtig vorsichtig waren wir ja nicht, doch wenn ich jetzt damit angefangen hätte, wäre es auch nicht viel besser geworden! Ich wollte gerade meine Umhängetasche holen, als Vitray meinte:" Nimm besser eine Jacke mit Taschen mit oder zieh dir eine kurze Hose an, dann fällt es nicht so auf, wenn du den Kompass wegsteckst!" Da hatte sie natürlich Recht. Während sie sich wieder einer ihrer kurzen Hosen anzog, zog ich eine dünne Jacke mit Kapuze über und steckte den Kompass in die Seitentasche. Ich wollte am liebsten über den ganzen Strand springen, weil ich mich schon so sehr freute.

Bis zum Mittagessen hatte keiner bisher einen Streich gespielt, doch als wir unser Schnitzel mit Pommes oder Bratkartoffeln aßen, hatte Vitray eine Idee. Sie holte unauffällig ihren Kompass heraus und richtete ihn auf Wouves Teller. Danach stellte sie noch etwas ein, was ich nicht mehr gesehen habe, weil es sonst zu auffällig gekommen wäre, wenn wir beide unter den Tisch geschaut hätten. Stattdessen schaute ich gebannt auf Wouves Teller. Und als er gerade ein kleines Stückchen von seinem Schnitzel abschnitt und es mit der Gabel zum Mund führte, wurde das zu eine, kleinen, glibberigen, weißen Stück Qualle. Ich konnte mein Lachen gerade noch verkneifen, doch als Wouve zu kauen anfing, erst verwirrt langsamer wurde und dann zurück auf sein Schnitzel, dass nun auch zu einer Qualle geworden war, machte er große Augen und spuckte alles wieder aus.

Eilen, Vitray und ich kriegten uns nicht mehr vor Lachen, selbst Andy hatte ein ganz leichtes Grinsen auf den Lippen, doch Wouve musste erst einmal einen kräftigen Schluck von seinem Orangensaft trinken, den er auch erst einmal gründlich nach kleinen Quallen absuchte, bis er trank. Dann musste er auch lachen. „Ich muss zugeben, der war echt gut Vitray!"

Von da an spielten wir einen Streich nach dem anderen. Ich hatte es auf Eilen abgesehen. Immer wenn er trinken wollte, machte ich das Glas ganz heiß, so dass er sich fast verbrannte. „Heiß!", rief er dann immer ganz schnell und alle lachten, nur Andy grinste Mal wieder. Wouve verwandelte Vitrays Gabel in eine Schlange, die laut auf kreischte. Und als Eilen mir dermaßen Höhenangst verpasste, fiel ich fast vom Stuhl. Wir achteten nicht darauf, ob die anderen das merkten. Jedenfalls nicht heute. Denn heute war Spaß angesagt, endlich.

Doch im Laufe des Tages fiel uns nichts mehr ein, was aushecken konnten, da wir alle schon unsere Späße kannten. Doch das machte nichts, wir versteckten uns einfach irgendwo und erschreckten die anderen. Wouve verwandelte ein Kabel im Gemeinschaftsraum kurz in eine Schlange. Vitray schob eine wabbelige Qualle unter einer der Jungs, der sich gerade setzten wollte. Der hat geschrien wie ein Mädchen! Mir und Eilen fiel zwar nichts mehr ein, aber es war trotzdem witzig.

Als die Dämmerung begann, nachdem wir schon zu Abend gegessen hatten und wir uns zum Klippen springen im Dunkeln verabredet hatten, sagte ich zu den Anderen: „Ich hätte nicht erwartet, dass man damit so viel Spaß haben kann!" „Am Anfang dachte ich das auch nicht!", gab Vitray zu. „Ja, man, am Anfang hatte ich totale Angst ihn zu benutzen!", ergänzte Wouve. „Was? Ich nicht, weil ich von euch wusste, dass es nichts Schlimmes ist!", meinte Eilen. „Von wegen, es ist das absolut coolste auf der Welt!", fand ich. „Oh ja, ich weiß gar nicht wie es ist, ihn nicht zu haben. Das muss doch total langweilig sein, so richtig uncool!", bemerkte Vitray. Eilen und Wouve stimmten mit einem lauten „Ja" zu. „Aber das coolste ist, dass nur wir ihn haben. Er wäre nicht halb so cool, wenn ihn jeder hätte", sagte Wouve noch dazu. Darauf hin stimmten Vitray, Eilen und ich auch zu. „Ich bin auf jeden Fall total froh, dass ich ihn habe. Nicht einfach nur um Spaß zu haben. Wenn ich keine Lust auf Schule habe, kann ich mir locker ein Bein brechen, und dass auch noch ohne Schmerzen" – „Und wenn ich keine Lust auf das gebrochene Bein habe, kann ich es auch ganz schnell ändern!", dachte ich laut. Die anderen Lachten.

Nur Andy war fast den ganzen Tag still gewesen. Er lachte auch nicht, er trottete nur mit uns mit. Wenn etwas mit ihm ist, dann soll er mir das sagen! Ich habe ja versucht mit ihm zu reden, dachte ich. Da standen Wouve und Eilen auf um von den Klippen zu springen. Ich hatte fast ganz vergessen, warum wir hier waren. Auch ich und Vitray sprangen ein paar Mal. Was uns aber erst nach vier fünf Sprüngen auffiel, war dass Andy gar nicht mit sprang, sondern sich aufmachte zu gehen. Ich wunderte mich schon und ich fand es auch komisch. Doch hinterherlaufen wollte ich ihm auch nicht. Wenn er sowieso nicht mit mir reden will, was soll es auch schon? Vitray und ich sprangen weiter, Eilen auch, doch Wouve blieb oben stehen.

Als wir die Steinmauer wieder hoch kletterten, fragte ich Wouve: „Was schaust du Andy denn so hinterher. Wenn er kein Bock auf springen hat, dann lass ihn!" „Ich glaube nicht, dass es das ist!", sorgte er. „Ach komm, der ist bestimmt nur schlecht drauf, vielleicht ist seine Tante oder so gestorben, was weiß denn ich! Lassen wir ihn lieber in Ruhe!", schlug Vitray vor. Auch wenn Wouve nicht so ganz davon überzeugt war, ging er darauf ein.

Klippen springen in der Nacht ist noch mal etwas ganz anderes als tags über. Du siehst nicht, wo du hinein springst. Der Himmel ist schwarz, das Meer ist schwarz, nur ein paar Sterne und der Halbmond leuchten die Klippen an. Wir sprangen nicht mehr lange, bis wir in unsere Zelte krochen. Rica war schon tief und fest am schlafen. Vitray und ich schliefen ziemlich schnell ein. Ich träumte vom Wettkampf, wie ich tausendmal bei der Welle ins Wasser gefallen bin und Rica total gut abgeschnitten hatte, genau wie alle anderen.

Rica...ich hatte sie ganz vergessen, dass ich Streit mit ihr habe, überlegte ich. Und über Andy dachte ich auch nach. Was wohl mit ihm los war? Oder ob er einfach traurig war, wie Vitray es glaubte? Ich als seine Freundin, sollte ich ihn nicht fragen und mir Sorgen machen? War ich überhaupt noch in ihn und er in mich verliebt? Tausend Fragen schwebten mir durch den Kopf. Fragen, an die ich noch nie zuvor bedacht hatte. Doch egal wie viele Gedanken ich mir machte, ich konnte nicht in sein Zelt schleichen, um mit ihm zu reden. Warum sollte er sauer oder traurig sein? Wegen uns? Aber wenn, weshalb, wir haben ihm doch nichts getan! Es musste etwas anderes sein. Und wenn, warum redete er nicht mit uns darüber, wir, seine besten Freunde. Uns könnte er es doch sagen? Er war doch sonst auch immer so witzig, warum lachte er nicht mehr und sprang nicht mehr mit? Warum versteckte er sich so?

Das waren doch alles unsinnige Fragen! Das alles ergab keinen Sinn! Andy war kein ruhiger Typ, er war eher der, der es sagte, wenn ihm etwas nicht passte. Und auch sonst könnte ich mir nicht vorstellen, dass er irgendwelche Geheimnisse hatte. Warum denn auch? Was würde schon großartig passieren, wenn wir sie wüssten? Während ich mir immer mehr Fragen stellte, fing ich an einzuschlafen.

Am nächsten Morgen wachte ich nicht ganz so früh auf. Dieses Mal war Vitray noch am Schlafen doch Rica war fort. Ich packte mein Zeug zusammen und lief über den Strand zur Waschraumhütte um zu duschen. Eine war belegt, ich vermutete, dass Rica dort duschte. Wo sollte sie auch sonst sein, im Meer surfte keine Menschenseele und ich glaube nicht, dass sie schon bei Cham in der Küche war. Auch wenn ich noch viel Zeit hatte, beeilte ich mich. Und als ich vom Duschen kam, kamen mir Wouve und Eilen entgegen. „Wo ist Andy?" „Oh, der ist noch am Schlafen. Wir haben uns gedacht, vielleicht ist es besser, wenn er erst einmal ausschläft", dachte Wouve laut. Ich nickte verständnisvoll. „Vitray ist auch noch am Schlafen", meinte ich, doch eine Sekunde später öffnete sich die Zelttür und sie kam heraus.

„War dass jetzt Zufall?", fragte Eilen, doch Vitray schüttelte den Kopf. Zusammen gingen wir in Richtung Küche, als wir Rica von den Duschen kommen sahen, fertig geföhnt und im Bikini stampfte sie in die Küche. Uns beachtete sie gar nicht.

„Ich habe gehört, dass Rica mit den drei anderen Mädchen Streit hat. Lilly, Emma und Bell hießen sie, glaube ich. Das haben zu mindestens ihre Brüder erzählt", sagte Eilen. Irgendwie tat sie mir leid. So ganz ohne Freunde und ganz alleine hier. Wir stiegen die Treppenstufen zur Küche hoch als mir wieder das Plakat der Qualifikationen ins Auge viel. Es hatten sich sogar fast alle eingetragen. Suma fehlte, doch an ihrer Stelle hätte ich mir das auch nicht zugetraut.

Zum Frühstück hatte Cham Spiegeleier und normale Eier gemacht. Er sagte, er wäre in Kochlaune. Die Spiegeleier schmeckten auch gut. Andy kam etwas später, geschätzt fünf Minuten. Er setzte sich neben uns und nahm sich gleich ein großes Spiegelei und den Salzstreuer. Da fragte Vitray mich: „Und hast du deinen Kompass dabei?" Ich nickte und zeigte auf meine Jackentasche. Ich trug jetzt immer eine dünne Jacke über dem Bikini, da die Umhängetasche zu sehr auffiel, wenn der Kompass darin lag. „So etwas wie gestern sollten wir öfters machen!", meinte ich. „Ja, auf jeden Fall, nur nicht zu oft, sonst merken die anderen noch was!" Wir kicherten. Natürlich war es extrem wichtig, dass die Sache mit dem Kompass nicht herauskam, doch so richtig ernst wollten wir die Sache nicht nehmen. Kein Wunder so ein Kompass war auch sehr gut dazu geeignet um andere zum Lachen zu bringen. Warum sollte man das nicht ausnutzen? „Was die anderen wohl von uns gedacht haben, ich falle fast vom Stuhl und Wouve spuckt Qualle aus!", bemerkte ich und Vitray musste die Hand vor den Mund nehmen, weil sie sonst losgelacht hätte.

Plötzlich sprang Andy wutentbrannt auf, dass ich fast zusammenzuckte. Schnell lief er aus der Küche. Was war denn nun wieder los, ich konnte mir das nicht länger mit ansehen und die anderen auch nicht. Ich stand ebenfalls auf und lief Andy hinterher. Er ging über den Strand Richtung Zelte. „Andy, Andy warte! Was ist denn nur los mit dir? Seit vorgestern schon, jetzt rede doch mit mir!", rief ich, während ich ihm hinterherlief.

Endlich konnte ich ihn anhalten. „Und du fragst auch noch warum ich sauer bin! Sag mal seit ihr so dumm, dass ihr das nicht merkt? Und ihr fragt sogar erst jetzt, als ob man so etwas wie euch Freunde nennen kann!", schrie er mich an.

„Was? Ich dachte wir wären zusammen?" rief ich vollkommen verdutzt.

"Zusammen, nach dem du mich so hängen gelassen hast und noch nicht einmal gemerkt hast, dass es mir schlecht ging!"

„Ich wollte mit dir doch darüber reden, ja! Am Lagerfeuer, doch du wolltest nicht! Du bist doch derjenige, der aufgestanden ist und nicht reden wollte!" erwiderte ich.

„Wenn du wirklich meine Freundin wärst, wüsstest du warum ich sauer bin und wenn du wirklich verknallt in mich wärst, dann würde dich das nicht abhalten, mir zu helfen! Und falls es dich interessiert, wir haben vielleicht ein bisschen herumgeknutscht, aber das war es auch schon. Zusammen waren wir nie!" sagte Andy fest.

„Was erwartest du eigentlich? Soll ich dir bis weiß Gott was hinterherlaufen und mich um dich Sorgen machen und die ganze Zeit nachfragen, wie es dir geht? Wenn du wirklich unser Freund wärst, würdest du uns vertrauen und uns sagen, was wir falsch gemacht haben, anstatt darauf zu warten, dass wir das merken und bei dich anbetteln! Und schön, dass du mir erst jetzt sagst, dass es für dich nur herumknutschen war! Ich dachte echt, du wärst anders! Doch du bist genau wie alle anderen!"

Ich war aufgebracht, versuchte aber irgendwie einzulenken. Doch von Andy bekam ich nur eine winkende Abfuhr.

Vitray und die anderen zwei Jungs tauchten neben mir auf, doch Andy machte sich schon auf zu gehen. Halb wütend, halb verwirrt drehte ich mich auch um und ging Richtung Küche zurück. „Was...was hat er gesagt?", fragten alle fast gleichzeitig. „Er hat nichts gesagt. Nur, dass wir als seine Freunde wissen sollten, warum er so drauf ist." „Also, ist es unsere Schuld!", fragte Vitray skeptisch und ich nickte. „Was haben wir denn gemacht?", Wouve schaute Andy hinterher. „Darüber hat er nichts gesagt...", murmelte ich. Ich wandte mich ab. Wir können wohl nicht viel für ihn tun, sagte ich mir. Die anderen zögerten, bis sie mir folgten.

Beim Frühstück waren wir alle still, bis Wouve seine Gable auf den Teller schmiss. „So geht das doch nicht! Wir müssen ihn fragen was los ist", reif er auf einmal. „Du wirst aber keine Antwort kriegen!", rief ich zurück. „Wir müssen es versuchen!", Wouve gab nicht nach. Die anderen, mich eingeschlossen, hatten keine bessere Idee. Wouve hatte Recht, auch wenn ich sauer auf Andy war, konnten wir ihn nicht einfach so alleine lassen! Noch einmal standen wir auf und liefen nach draußen.

„Andy!", schrien wir mehrmals über den Strand, doch keine Antwort. Dann sahen wir ihn, oben auf den Klippen saß er. Nichts wie hin, und alle rannten los. Wouve war der erste, der oben ankam. Erst schaute Andy uns eine Weile an, bis er sagte: „Wouve, ich möchte mit dir alleine reden, falls es das ist, was ihr wollt, was ich vermute." Wouve nickte und schaute nach hinten zu uns. Das war wohl das Zeichen dafür, dass wir gehen sollten.

Wir liefen zusammen außer Hörweite, setzten uns in den Sand unterhalb der Klippen und beobachteten die zwei. Wouve setzte sich hin und begann mit ihm zu reden. Andy schaute eine kurze Weile aufs Meer bis er etwas antwortete. Doch er redete nicht lange, bis er stoppte und auf den Boden sah. Danach schüttelte er den Kopf und sagte etwas Kurzes zu Wouve. Der machte sich auf um die Steinmauer wieder herunterzuklettern.

Ich und die anderen runzelten die Stirn, als ob wir alle das gleiche dachten: Das war aber ein kurzes Gespräch. Wouve kam zu uns herüber, setzte sich auch hin und erzählte: „Er hat nichts gesagt, gar nichts! Nur, dass wir nicht auf ihn warten sollen, wir würden es noch früh genug erfahren, was mit ihm ist!" „Das hat er gesagt?", ich schaute zu Wouve herüber. „Was soll das denn? Kann er uns das denn nicht einfach sagen, ist das so schwer?", Eilen fragte nicht wirklich, er regte sich auf. Wouve machte sich Sorgen, genau wie wir alle. Was hatte er nur vor?, ging es jetzt durch unsere Köpfe. Nach einigen Minuten fingen wir an zu diskutieren, bis unsere Köpfe heiß wurden.

Vitray war dafür, dass wir ihn beschatten sollten, damit wir im Notfall eingreifen konnten. Doch die Jungs waren dagegen. Sie meinten, dass Andy auf sich selber aufpassen konnte und dass wenn wir das tun würden, sein Vertrauen zu uns endgültig für die Katz war. Egal, was Vitray dagegen zu sagen hatte, sie konnte sich dennoch nicht durchsetzten. Ich hingegen war still. Ich hatte keine Ahnung, was wir machen sollten und was nicht, deshalb tat ich einfach das, was die anderen auch taten. Sie kannten Andy besser als ich.

Wir gingen mit den anderen bis zum Mittagessen surfen. Alle übten sie für den bevorstehenden Wettkampf. Vorausgesetzt, sie bestanden die Qualifikationen. Mein Snap klappte einigermaßen gut, ich war schon viel sicherer. Bis zum Wettkampf hatte ich ja noch ein paar Tage. Doch auch wenn ich gar nicht so schlecht abschnitt, konnte ich mich nicht aufs Surfen konzentrieren. Andy, ging es mir die ganze Zeit im Kopf herum; Andy darfst du nicht vergessen! Doch ich war nicht die einzige, der das so ging. Die anderen waren auch sehr angespannt und in Gedanken versunken.

Doch als es endlich Mittagessen gab, war Andy nicht da. Doch Wouve wollte ihn nicht suchen gehen, er dachte daran, was Andy zu ihm gesagt hat. Ich bekam meinen Bissen herunter, mein Magen fuhr Achterbahn und meine Hände zitterten, so nervös war ich.

Auch Vitray pickte nur mit ihrer Gabel immer an der gleichen Stelle herum und sie schaute noch nicht einmal auf ihren Teller. Benebelt schaute sie aus dem Fenster. „Vitray", flüsterte ich ihr zu. Die fing auf einmal wieder an zu blinzeln. „Was meinst du, was er gerade macht?", sie schluckte. Doch leider konnte ich ihr darauf auch keine Antwort geben. „Ich wünschte, ich könnte es dir sagen..."

Da kam Cham zu uns. „und wo ist euer Freund...Andy?"

„Der...der...ist auf dem Klo. Er fühlt sich nicht so gut", log ich.

„Oh, okay, soll ich nachher mal nach ihm sehen, oder macht ihr das schon?"

"Wir passen schon auf ihn auf", ich lächelte Cham zu, der lächelte zurück und machte sich wieder an die Arbeit. Ich atmete durch, die anderen schauten auch erleichtert. „Meint ihr nicht, wir sollten doch mal nach ihm suchen?", fragte ich immer zappeliger. „Nein, warte noch. Er kommt schon zu uns, wenn er das meint!", meinte Wouve nur. Die anderen gaben sich auch damit zufrieden. Wouve hatte ja Recht, was soll schon großartig passieren? Ich regte mich ab, dass heißt, ich versuchte es.

Da kamen Peter und Hellen die Treppe herunter und sahen besorgt aus. Sie stolzierten zu Cham und fragten ihn etwas. Cham richtete sich an uns: „Hey, hat einer von euch Conny gesehen?" Wir alle schüttelten den Kopf. „Wir suchen ihn!", rief ich auf einmal. Wenn das nicht die Gelegenheit bei der Suche nach Conny auch gleichzeitig Andy zu suchen und es viel auch noch gar nicht auf!

Ich flüsterte den anderen schnell meinen Plan zu. Falls wir auf Andy treffen würden, konnte er wenigstens nicht denken, dass wir ihn gesucht haben. Eigentlich perfekt, auch wen Wouve etwas zerknirscht guckte.

Wir standen auf und liefen aus der Küche. Wir schauten uns überall um. Wouve suchte den Strand ab, Eilen den Parkplatz und Vitray und ich teilten uns die Klippen. Wir schauten unten am Strand und auf den Klippen zwischen dem Gebüsch, doch Andy war nirgendwo.

Von dem weiten Strand hörten wir Wouve „Conny" immer mal wieder rufen hören. Wir taten es ihm nach, doch niemand kam. Von hier oben hatte man eine gute Aussicht, doch Andy sahen wir trotzdem nicht.

„Er wird sich doch nicht ernsthaft in einer Dusche oder in seinem Zelt verstecken, oder?", fragte Vitray. „Glaube ich nicht. Er wollte doch irgendetwas machen, aber duschen oder im Zelt lesen hört sich gar nicht nach Andy an..." Vitray grinste leicht. Während sie das Gebüsch weiter durchkämmte, suchte ich die andere Seite der Klippe ab.

Doch plötzlich schrie Vitray laut auf. „Cémie! Cémie, komm schnell!", rief sie halb schreiend, halb weinend. Das hörte sich nicht an, als hätte sie sich den Kopf angestoßen, das klang viel schlimmer! Schnell versuchte ich über den ungleichen Stein zu ihr in das Gebüsch aus Fahnen und Palmen zu klettern. Vitarys roter Lockenkopf war etwas tiefer im Gebüsch. Sie stand wie angewurzelt da und guckte unter sich. „Vitray...was ist los!", fragte ich sie, während ich mich durch die Pflanzen kämpfte. Doch Vitray antwortete nicht. Bald war ich neben ihr.

„Vitray, was zum Teufel?", rief ich doch als ich das vor mir sah, bekam auch ich einen so großen Schock, dass ich laute aufschrie. Mein Magen zog sich zusammen, mein Herz setzte aus, ich blinzelte nicht, ich atmete nicht. Alles in mir hielt an vor Schock. Das weiß vermischte sich in meinen Augen mit den Tränen.

Es dauerte eine Weile, bis mein Herz wieder einsetzte, ich klar sehen konnte und realisieren konnte, was dort vor mir lag. Weiß und rot vermischt, regungslos, sonst so froh und aufgeweckt. Die Augen guckten ins Leere, die die sonst immer so aufgeregt die Welt bewunderten. Die flinken Beine, die sonst immer so herum sprangen lagen nun ruhig da, kein Muskel bewegte sich. Man könnte denken, dass sie schläft, doch das ganze Fell, das früher Mal seidig und weiß gewesen war, war nur nass und rot verschmiert. Der Bauch war offen, aus dem dunkelrotes Wasser floss. Ich schlug die Hände vor den Mund und begann zu weinen. Ich kniete mich auf den Boden und strich über die Ohren.

„Conny? Conny, du musst aufwachen", wimmerte ich und schüttelte ihren Kopf, doch als ich auf das Blut sah, wusste ich: Sie würde nicht mehr aufwachen, nie wieder. Doch ich wollte es nicht wahr haben, ich konnte nicht und schüttelte sie weiter hin und her, doch sie wollte einfach nicht aufwachen. Ich rief mehrmals ihren Namen, überprüfte, ob es wirklich Conny war und hob ihr Gesicht hoch, doch immer noch passierte nichts.

Die Tränen kullerten mir über das Gesicht, das brannte. Als ich immer wieder vergebens versuchte sie aufzuwecken drückte ich mein Gesicht in ihr Fell am Hals. Das Fell war nicht weich, es war knotig und rau. Ich rappelte mich wieder auf um zu schauen, ob wenigstens sie blinzelte oder ihre feine Nase atmete, doch ihre Nase sog genauso wenig Luft ein, wie ihre Augen sich noch um sahen. Erst jetzt bemerkte ich, dass ich mit der einen Hand an ihren Bauch gefasst hatte und er nun voller flüssiges Blut war. Als ich das sah bekam ich erst einmal erneut einen Schock und musste noch einmal überprüfen, ob Conny wirklich tot war.

Erneut begann ich wie wild zu schluchzen. Ich versuchte mich zu fassen und atmete tief durch. Ich wischte das Blut an den Gräsern neben mir ab und versuchte aufzustehen, aber meine Beine waren so wackelig wie Pudding und zitterten, als würden sie gleich zusammenbrechen. Ich versuchte den Blick von ihr zu wenden und wollte Vitray mitziehen. „Komm, es wird Zeit, dass wir das Wouve und Eilen erzählen…"

Wir schafften es trotz wackeligen Beinen die Mauer herunterzuklettern und kamen heil auf dem Boden an. Wir wollten zu Wouve gehen, der immer noch über den Strand lief, doch auf einmal rannte Vitray seitlich zu dem Gebüsch, das auch hier unten wuchs und bekam einen Würgereiz. Wouve sah uns und joggte zu uns. „Was, was ist passiert?", rief auch er besorgt, als er mein verheultes Gesicht mit den roten Augen sah. Als er das fragte, stießen mir erneut Tränen in die Augen. Ich zeigte zitterig auf die Felsen.

„Co o onny!", stotterte ich und ging zu Vitray, um ihr zu helfen. Wouve rannte natürlich sofort los. Erst wenige Zeit später kam auch er mit bleichem Gesicht wieder, doch er hatte nicht geweint. Er sagte, er hole Eilen, um das Tier noch weiter zu verstecken. Peter und Hellen sollten das nicht sehen. Vitray und ich hätten das niemals gekonnt.

Wir gingen ins Zelt und legten uns auf unsere Betten und beruhigten uns. „Was meinst du was mit ihr passiert ist?", fragte sie dann, als sie einigermaßen wieder bei Sinn war. Ich wusste selber nicht genau was mit ihr passiert war. „Sie…sie wurde bestimmt nur von einem wilden, hungrigen Tier angefallen, sicher ein Unfall!", am liebsten hätte ich das selber glauben können doch etwas anderes fiel mir nicht ein. Also versuchte ich mich selber davon zu überzeugen, dass es nur ein Unfall war, was die Sache schon einmal etwas leichter machte.

Nach ungefähr einer halben Stunde machten Vitray und ich uns auf, Hellen und Peter zu sagen, dass wir sie nicht gefunden hatten. Die waren noch besorgter und wollten schon Vermisstenanzeige machen, doch wir brachten sie dazu noch ein paar Tage zu warten. Bald kamen auch Wouve und Eilen. Auch sie schienen mehr oder weniger geschockt und traurig zu sein. Viel mehr waren sie ratlos. Die große Frage, die uns alle beschäftigte: Was war mit Conny passiert. „Nach einem natürlichen Tod sah das nicht aus. Die hatte den ganzen Bauch offen!", berichtete Eilen.

„Könnt ihr das Thema bitte nicht vertiefen, mir wird sonst schlecht!", Vitray hielt sich die Hand vor den Mund.

Wouve beugte sich vor zu uns: „Aber wo ist Andy? Wir sollten wirklich nach ihm suchen, er ist schon seit dem Mittagessen fort. Schon mehr als zwei Stunden!"

Wir alle waren damit einverstanden. Doch wir hatten ein Problem. Wo sollten wir suchen? Wir hatten doch bereits alles abgesucht. Wir schauten noch in den Duschen und Toiletten und in seinem Zelt, doch er war nirgendwo. Vitray verlor die Beherrschung:" Was ist, wenn mit Andy das gleiche passiert ist wie mit Conny?"

„Jetzt mal den Teufel doch nicht an die Wand! Andy geht es gut, der weiß sich schon zu helfen! Wir finden ihn!", heiterte Wouve auf.

Doch wir fanden ihn nicht. Bis zum Sonnenuntergang hatte wir an allen möglichen und unmöglichen Stellen nach ihm gesucht. Wir waren sogar mit den Boards draußen und haben bei den Felsen, wo ich gelegen hatte gesucht und selbst noch hinter den Klippen weit hinter den Strand. Er war nirgends. Langsam verloren wir jede Hoffnung ihn zu finden.

Als es dunkel wurde und Andy immer noch nicht aufgetaucht war, beschlossen wir noch ein Mal nach ihm zu suchen, bevor wir Hellen, Cham und Peter benachrichtigten. Mit unseren Handys versuchten wir den Strand abzulichten, doch wir sahen kaum etwas, bis wir das helle Licht einer Taschenlampe hinter der Hütte auftauchen sahen. Sofort rannten wir los und als wir bei der schwarzen Gestalt waren, die die Taschenlampe in der Hand hielt, erkannten wir sie sofort.

Wouve viel ihr sofort um den Hals und rief laut: "Andy!" Mir viel ein Stein vom Herzen. „Wo warst du Alter?", rief Eilen. „Lass uns wo anders hingehen", meinte er nur mit grimmiger Miene und befreite sich aus Wouves Armen.

Wir gingen in einen beleuchteten, kleinen Nebenraum im Gemeinschaftsraum und Andy schloss die Tür hinter sich. Er sah nicht froh aus. Er schaute uns ernst an und setzte sich auf den Boden. Es dauerte etwas, bis er uns fragte: „Habt ihr sie schon gefunden?" Mit großen Augen schauten wir uns an. „Wen meinst du?", fragte Vitray verdächtigend. „Ach, ihr wisst genau von wem ich rede!" Doch wir wussten es wirklich nicht. Das was wir wussten, glaubten wir alle nicht. Als Andy das merkte, wurde er wütend, doch behielt die Kontrolle. Er fasste in seine Hosentasche und holte langsam etwas heraus. Und als er es uns zeigte, vielen uns endgültig alle Augen aus dem Kopf!

Nein! Das konnte jetzt nicht wahr sein, das war das absolut Letzte, was ich erwartet hätte! Wie konnte das nur möglich sein, wie?!

Er steckte den silbrigen Kompass zurück in seine Hosentasche. „Aber wie ...?", fragte ich immer noch total geschockt!

„Du willst mir jetzt nicht sagen, dass du Conny...", fragte Wouve.

Wir alle guckten gespannt auf Andy, bis der uns auf einmal wie wild anfing anzuschreien: „Was hätte ich denn sonst machen sollen? Ihr alle habt ihn und ihr wedelt mir jeden Tag damit vor der Nase herum. Am Anfang ging es ja noch, aber in den letzten Tagen wurde es immer mehr. Erst diese ganzen Scherze, dann dieses dumme Spiel, wer den besten Spaß mit seinem Kompass hin zaubert. Und dann auch noch diese ständigen Anspielungen, wie uncool man sein muss, wenn man keinen hat! Ganz ehrlich, was hättet ihr getan? Ich sag es euch, genau das Gleiche! Wisst ihr warum ich nicht bei euch war, oder warum ich so still war und nicht gelacht habe? Weil ihr die ganze Zeit mit diesen bescheuerten Teilen herum wedeln musstet, als würdet ihr etwas viel besseres sein, als ich! Das habt ihr jetzt davon!"

Eine Weile blieben wir alle still.

„Warum, warum nur?", fragte ich mich die ganze Zeit. Warum hatten wir nur damit so herum prahlen müssen? Warum hat Andy sich darauf anspielen lassen? Warum haben wir nicht schon vorher etwas getan? Ich dachte Andy wäre nun sauer auf uns, doch ich irrte mich. Sein Schreien löste sich in ein Lächeln auf. „Aber Gott sei dank, ohne euch hätte ich bestimmt nie den Mut gehabt! Ich sollte euch dankbar sein!"

Andy lächelte uns so breit an, als hätte er einen Sechser im Lotto gewonnen, was sicher so ähnlich für ihn war. Doch das war noch nicht mal alles, denn es kam noch viel schlimmer. Sein Kompass hatte gerade Mal zwei Zeiger. Doch er hatte keine Skala, in der er die Stärke einstellen konnte, sondern eine Skala, in der die verschiedenen Arten von Morden bestimmt werden konnten und auch keinen Pfeil mit einem Blitz. Er hatte auch den mit dem Stern nicht, sondern nur den mit der Wolke.

„Und was...heißt dass jetzt...für ihn?", ich schluckte laut. Da Wouve so entgeistert guckte, wusste ich, dass das sicher nichts Gutes hieß. Er schluckte ebenfalls: „Seine größte Angst ist, ermordet zu werden und nicht einfach nur ermordet, wie ... . Der Stern, der ihm fehlt, war immer dazu dagewesen, etwas rückgängig zu machen. Aber man kann Mord nicht rückgängig machen, genau sowenig wie den Tod. Man kann auch nicht die Stärke eines Mordes bestimmen, nur die Art!"

Wouve konnte selber nicht glauben, was er da sagte. Doch für uns alle war klar, was das hieß. Wenn Andy jemals seinen Kompass benutzen würde, dann nur aus dem Grund jemanden umzubringen, und dass war absolut nicht gut!

„Du hast aber nicht vor, ihn wirklich zu benutzen oder?" fragte ich.

„Was soll ich sagen, dafür habe ich ein Hundeleben geopfert, was nicht viel Wert war!" erwiderte er.

Ich erschrak mich wütend. „Nicht viel Wert! Was dachte er eigentlich, wer er ist?", dachte ich, wollte es aber nicht sagen. Stattdessen lief ich aus dem kleinen Raum, die Tür ließ ich hinter mir zuknallen und ging gerade aus über den Strand.

Hinter mir kamen Schritte angelaufen, doch ich reagierte nicht. Zu meinem Überraschen, halb froh, halb entsetzt, kam Andy neben mich und blieb vor mir stehen.

„Andy?", fragte ich, obwohl ich ganz genau wusste, wer da vor mir stand. „Was ist los?", er fragte das ganz ratlos. Erst schaute ich ihn an, als ob er sich das nicht selber denken konnte. Doch er zog nur die Augenbrauen hoch. Ich zeigte hinter ihm auf die Klippen. Da wusste er, was ich meinte.

„Hey, ich wollte sie nicht töten...jedenfalls nicht, wenn ich keinen Grund gehabt hätte. Ich war so sauer und neidisch auf euch. Ihr hattet so viel Spaß und ich eben nicht. Und außerdem hatte ich Angst, dass ihr mich immer mehr ausgrenzen würdet und ich mir neue Freunde suchen müsste. Und das wollte ich nicht!", er ging einen Schritt auf mich zu und strich mir über die Schultern. Doch ich drehte mich zur Seite und schaute ihn fragend an! Was wollte er eigentlich von mir? Jetzt auf einmal?

Er schien verstanden zu haben, was ich meinte und ließ los. „Dann ist es also zu spät. Du...willst nichts mehr von mir", flüsterte er, als würde er mit sich selber reden.

„Nein, aber...du hast doch gesagt...." stammelte ich.

„Was ich gesagt hab, war gar nichts, nur mal wieder ein Beweis, dass ich nichts unter Kontrolle habe, wenn ich sauer bin..." stotterte er.

"Oder besessen!", ergänzte ich.

Er schaute mich ernst an. Doch dann gab er nach und nahm mich in den Arm. Er schluchzte und vergrub sein Gesicht unter meiner Schulter. Ich hielt ihn ganz fest, denn ich hatte das Gefühl, dass er mir jede Minute wieder weggleiten würde. Als er seinen Kopf von mir nahm und mich küssen wollte, legte ich den Zeigefinger auf seine Lippen. „Trotzdem brauche ich noch etwas Zeit", flüsterte ich ihm zu und lächelte.

Er lächelte auch und tat einen Arm um mich. Wir liefen zusammen Richtung Küche, da wir Durst hatten. Die anderen hatte ich ganz vergessen.

Andy und ich machten an dem Abend alles zusammen: Wir saßen zusammen beim Abendessen, beim Lagerfeuer kurz, beim Filmschauen auch! Doch geküsst haben wir uns noch nicht. So ganz traute ich ihm noch nicht, aber ich war so froh, dass wir keinen Streit mehr hatten.

Doch als wir alle in unsere Zelte gingen, kamen wenig später noch Eilen und Wouve zu uns herein. Sie schauten ernst und setzten sich zu Vitray aufs Bett. „Wir müssen ab jetzt aufpassen wie ein Schießhund, auf Andy. Seit er den Kompass hat ist er unberechenbar für mich!", erklärte Wouve. „Wir müssen nicht auf ihn aufpassen. Er weiß was er tut, dass einzige, was wir tun müssen ist, dafür zu sorgen, dass wir unsere Kompasse nicht benutzen! Dann kommt er nicht in Versuchung!", meinte ich.

Doch Wouve schüttelte ärgerlich den Kopf. „Meinst du, dass alles ist unsere Schuld?! Meinst du er hätte sich nicht früher oder später den Kompass geholt, auch wenn wir nichts gemacht hätten?! Das wir alle ihn haben, reicht Andy doch schon, eifersüchtig zu sein. Und selbst wenn wir jetzt nichts tun, du wolltest ihn doch auch irgendwann benutzen, obwohl wir gesagt hatten, nur im äußersten Notfall!

Doch bei Andy ist es noch schlimmer, er darf seinen gar nicht benutzen! Doch er wird!" „Nein, wird er nicht. Wir müssen ihm das nur irgendwie klar machen...", stimmte ich dagegen. „Wie willst du das ihm klar machen? Wenn wir sagen, du darfst deinen Kompass nicht benutzen, wird er sauer!", rief Eilen. „Die einzige Chance, die wir haben, ist den Kompass irgendwo zu verstecken, wo er ihn nicht findet!", flüsterte Wouve.

„Kann er sich nicht dann einen neuen anschaffen?", fragte ich. „Solange seiner noch existiert nicht. Aber mehr weiß ich auch nicht", antwortete Wouve.

Da kam jemand ins Zelt. Unsere Mägen zogen sich zusammen, da wir dachten, dass Andy etwas mitgekriegt haben könnte und er jetzt herein kommen würde. Doch zu unserem Glück kam Rica herein. „Was macht ihr denn alle hier? Los raus, ich will schlafen!"

„Ouh Rica ist nicht gut drauf!", rief Eilen mit einem fiesen Grinsen und ging mit Wouve aus dem Zelt. „Cémie, die Qualifikationen sind übermorgen, also müssen wir noch gut trainieren!", erklärte Vitray und ich nickte. Übermorgen schon! Mein Bauch kribbelte vor Aufregung.

Ich träumte von Wellen, die mich verschluckten und von irre großen Brechern, die uns Surfer zu den Klippen strömten. Als ich erschrocken aufwachte, war es noch nicht hell. Ich kramte nach meiner Uhr und versuchte etwas zu erkennen. Irgendwas mit drei Uhr, erkannte ich. Ich versuchte mich wieder schlafen zu legen, doch mit den Gedanken war ich bei Andy.

Ich überlegte nicht, dass wir niemals hätten herum prahlen sollten oder was Andy alles jetzt tun könnte. Ich dachte einfach nur an Andy und nur an Andy. Ich lag ein paar Minuten wach im Bett und überlegte, bis ich Durst bekam und in die Küche schlenderte. Ich machte das Licht an und holte mir eine Cola aus dem Kühlschrank. Dann machte ich das Licht wieder aus und setzte mich draußen in den Sand, nahm ein paar Schlucke und hörte dem Rauschen der Wellen zu. Der Himmel war nicht bedeckt, man konnte die vielen kleinen Sterne sehen, die funkelten. Und der Mond schimmerte auf den Kronen der Wellen, die das Meer überrollten und als kleine Schauwellen den Strand nass machten.

Ich stand auf, legte meine Flasche in den Sand und krempelte meine Hosenbeine hoch. Dann lief ich Richtung Meer und wanderte mit den Füßen durch Wasser. Es war angenehm warm, wärmer als die Luft draußen. Ich stieg noch weiter ins Wasser bis das Wasser bis über meine Knie reichte und fast an meine Hosenbeine reichte. Die leichten Wellen, die vom Ozean kamen und langsam ihre Energie verloren, schwammen sanft an meinen Beinen entlang, ansonsten spürte ich keinen Unterschied mehr zwischen der Luft und dem Wasser, die mich zum Teil umgaben. Ich ging zurück zum Strand.

„Du kannst es echt nicht lassen, so früh aufzustehen oder?", fragte eine bekannte Stimme hinter mir. Ich drehte mich um. Die Gestalt war ein Mädchen, das erkannte ich an den langen Haaren, doch es war nicht Vitray, diese Haare waren glatt und dunkel. Ganz klar, es war Rica! Was machte sie nur hier, mitten in der Nacht?

Dasselbe hätte sie mich wohl auch fragen können. Auch wenn wir immer noch Streit hatten, war ich froh, dass sie auch so früh auf war. Ich drehte mich um und wollte aus dem Wasser. Doch nach zwei Schritten kam eine große Welle von hinten und machte mich ganz nass! Rica lachte laut und ich, nach dem ich mir die nassen Haare aus dem Gesicht geschoben hatte, ebenfalls. Nach einigen Schritten war ich endlich bei ihr draußen und lächelte sie an. „Was machst du nur hier?", fragte ich sie. Sie schob sich eine Strähne hinters Ohr. „Ich schlafe in letzter Zeit nicht besonders gut."

"Ja, ich heute auch nicht besonders!"

"Als ich aus meinem Halbschlaf aufgewacht bin, warst du nicht mehr da."

Ich holte die Flasche, die immer noch im Sand steckte und trank einen Schluck. „Auch Durst?" Rica nickte und wir gingen zusammen in die Küche. Sie schaltete das Licht an, während ich ihr auch eine Cola brachte. „Im Ernst, was führt dich her?", fragte ich sie, als wir uns auf die Hocker vor der Bar setzten.

„Ehrlich? Ich bin wegen Andy hier. Er hat mir erzählt, dass er Scheiße gebaut hatte!" Mir wäre fast die Flasche umgefallen. Andy hatte jetzt aber nicht Rica von dem Kompass erzählt oder? „Was hat er gesagt?", versuchte ich möglichst normal zu fragen.
„Darüber nichts. Aber er hat Angst."
„Wovor denn?"
"Dich zu verlieren", Rica nahm einen Schluck aus ihrer Cola.
„Ich weiß zwar nicht, was zwischen euch passiert ist, aber das hat er gesagt."

Ich antwortete nichts und überlegte. Was sollte man dazu sagen? Nachdem was er gesagt hatte! Und jetzt kam das? Ich trank einen Schluck Cola.

„Ich weiß es nicht", sagte ich ohne genau zu Wissen, was ich damit sagen wollte.
"Manchmal hilft es nicht auf jemanden sauer zu sein. Egal was er gemacht hat", spielte Rica an.

Ich wusste, was sie damit sagen wollte und lächelte ihr zu.

Sie lächelte zurück. „Warum auf einmal?", fragte ich sie.

„Das war es, was Andy gesagt hat. Er sagte, wenn man auf jemanden sauer ist, hat der vielleicht sogar ein gutes Recht dazu und man sollte alles auch nicht so locker nehmen, doch weiter bringen tut das einen nicht. Und ehrlich gesagt, will ich auch keinen Streit mehr mit dir haben."
"Ich auch nicht!"

Wir lächelten uns an.

„Und wie lange willst du noch auf Andy sauer sein?" fragte sie.

"Das ist etwas komplizierter vermute ich."
„Aber ohne ihn würde ich jetzt nicht mit dir reden."

Ich schaute sie an. Ein bisschen Recht hatte sie ja schon. Ich wollte ihr zustimmen, indem ich ihr zu nickte.

„Wir sollten vielleicht mal schlafen gehen", schlug ich vor und stellte meine Flasche, die mittlerweile leer war, ab. Rica tat es mir nach und folgte mir die Küche raus. Wir machten hinter uns das Licht aus und die Tür zu und gingen zu unserem Zelt. Wir schafften es sogar noch einzuschlafen.

Ich wachte ungefähr zur gleichen Zeit wie sonst auch immer auf. Vor den anderen, obwohl ich nachts auf war. Ich duschte schnell und zog mir den Bikini an. Der Kompass blieb schön drinnen. Ich war in Surflaune, immerhin war morgen die Wettkampf-Qualifikation! Ich paddelte mit meinem Board aufs Meer hinaus und wartete im sitzen auf eine Welle.

Ende des Teils aus dem Jahr 2013

Prolog

„Und da willst du wirklich hin?", fragte Frida mich mit einem kritischen Blick und legte die Broschüre auf den Tisch. Erstaunt schaute ich sie an.

„Wieso nicht, dass ist doch voll cool!"

„Surfen und Zelten am Strand?"

Frida zog die eine Augenbraue hoch. „Das ist nicht einfach nur Zelten am Strand. Das ist ein extra Zeltplatz für Jugendliche direkt am Meer. Wir lernen richtig surfen. Und es soll eine Großstadt in der Nähe sein!", versuchte ich sie zu beeindrucken.

„Ja, aber das geht doch die ganzen Sommerferien lang, das erlauben mir meine Eltern doch nie. Außerdem, was willst du fast sechs Wochen in einem Zelt, das halte ich doch grade mal drei Tage durch!", kritisierte Frida.

Ich fand Sommerferien ja viel zu lang, auch wenn ich stressige Schulwochen auch nicht besser finde. Aber besonders lange sind Sommerferien, wenn man nicht in den Urlaub fährt, genau wie dieses Jahr. Meine Eltern mussten nämlich für unser neues Haus sparen, darum fiel dieser Urlaub aus. Deswegen musste ich für das Surfen und Campen am Strand auch selber bezahlen, bis auf das Flugticket.

„Die werden dort schon etwas veranstalten und hier steht dass die Zelte Stromanschlüsse haben, du brauchst dir also keine Sorgen zu machen, dass der Akku deines Handys ausgeht", erwiderte ich.

Doch Frida winkte ab: „Nein, sorry Cémie, das ist nichts für mich." Sie drückte mir die Broschüre in die Hand und drehte lässig an ihrer hellbraunen Locke herum, als ob nichts gewesen wäre. Ich verdrehte genervt die Augen und sackte in meinen Stuhl hinein. Dann nahm ich auch wieder die unangenehm heisere und kratzige Stimme von Herr Lébrun war, der gerade irgendetwas von Exponentialfunktionen redete, wovon ich ungefähr gar nichts verstand. Wie konnte die Unterrichtszeit immer nur so langsam vergehen?!

Als die Glocke dann endlich klingelte, was in meinen Ohren wie ein Freispruch eines Angeklagten klang, meinte Frida: „Du kannst da ja auch ohne mich hingehen, wenn du da unbedingt hin willst!"

Ich zuckte mit den Schultern. „Ja, aber wir kennen uns seit drei Jahren und wir machen immer was in den Ferien zusammen. Außerdem ist es alleine dort doch voll langweilig!"

„Ach was, so wie die dafür Werbung gemacht haben, kann es ja gar nicht langweilig werden, außerdem bist du bestimmt nicht die einzige, die dort alleine hingeht", antwortete sie.

„Oh doch, glaub mir, die gehen da alle mindestens mit einer Freundin hin", bezweifelte ich. Daraufhin sagte Frida nichts mehr. Stumm liefen wir beide nebeneinander zu Biologie. Ich wusste, dass ich Frida nicht umstimmen würde, denn das tat ich nie.

Im Gegensatz zum Unterricht war die Pause blitzschnell vorbei. Wir saßen schon wieder auf unseren brettharten Stühlen und zählten jede Minute während Herr Dupont mit dem Stoff über Genetik fortfuhr.

„Wie ihr wisst hat jeder Mensch seine eigene Erbsubstanz, die DNA genannt wird. Und wie der Name schon sagt, wird diese von den Eltern vererbt...", erklärte er.

„Ah, dann müssen Alex´ Eltern ja auch Affen sein", flüsterte Frida mir ins Ohr und begann zu kichern. Alex, mindestens eins achtzig groß, dunkle Haare, trägt immer eine Designerjacke in Größe M und hat auch immer einen Spruch auf Lager. Offiziell interessiert sich Frida nicht für ihn, doch insgeheim weiß ich, dass sie auf ihn steht. „Nein, dem seine Vorfahren waren ganz sicher irgendwelche spanischen Machos, so wie der aussieht", ich warf einen verachteten Blick zu ihm herüber. Frida zuckte nur beleidigt mit den Schultern.

Der Rest des Tages verlief weiterhin im Schneckentempo. Ich war froh, als ich aus dem Schulbus ausstieg und das hellblaue Haus mit dem großen

Apfelbaum im Vorgarten am Ende der Straße sah. Der alte Bus fuhr knatternd an mir vorbei und ich setzte mich zügig in Bewegung. Ich kramte meinen Schlüssel aus meiner olivgrünen Jacke und Schloss die knarrende Haustür auf. Endlich zu Hause! Direkt flog mir ein Duft in die Nase, der Nase, welcher nach Ofenkartoffeln und Pfefferrahmsoße roch.

Ich zog meine Schuhe aus, schmiss sie zusammen mit meinem Schulranzen in eine Ecke und ging in die Küche, in der schon ein dampfender Teller auf dem Tisch stand. „Hallo, Mama", rief ich und setzte mich gleich an den Tisch. „Hallo", entgegnete sie, "und wie war es so?" „Ganz normal, wie immer", antwortete ich und begann zu essen. Mama setzte sich zu mir an den Tisch. „Ich habe Frida übrigens gefragt, ob sie mit kommen will, aber sie will nicht", erwähnte ich.

„Und willst du trotzdem hin?", fragte sie weiter. Ich zuckte mit den Schultern. Mama stand wieder auf und murmelte: „Vielleicht kommt ja jemand anders mit. „Ich nickte nur, aß schnell zu Ende und verkroch mich in mein Zimmer. Da hatte ich meine Ruhe.

Ich setzte mich an den Schreibtisch und wollte schon mal mit meinen Hausaufgaben anfangen, als mein Handy klingelte. Ich schaute auf das Display. Es war Frida, die anrief. „Was gibt es", rief ich in das Mikrofon. „Rate mal, wer in den Mutterschutz geht?", Frida machte eine Pause." Herr Lébrun!" „Nein, echt?", rief ich erleichtert. „Ja, zum Glück, der ging mir langsam echt auf die Nerven", lachte Frida. „Ja mir auch", stimmte ich zu.

1.

Plötzlich schlugen meine Augen auf, doch ich konnte genauso wenig sehen, wie davor. Es war stockdunkel und meine Augen mussten sich daran erst gewöhnen. Ich war ganz still, um das leise Ticken meiner Armbanduhr zu hören, die irgendwo im Zimmer liegen musste. Als ich sie hörte, stand ich trotzdem nicht auf. Es würde mir nichts bringen, ich würde in dieser Dunkelheit eh nichts erkennen können. Ich schätzte die Zeit zwischen drei und vier Uhr morgens. Ich wusste, dass ich nicht wieder einschlafen könnte. Das lag daran, dass ich heute sehr weit weg von meinem zu Hause fahren würde. Oder eher fliegen! Denn mein Zuhause war fast eine halbe Weltumdrehung entfernt. Ich wohne in Westfrankreich, direkt am Atlantik. Dass ist wohl auch der Grund, wieso ich so verrückt nach surfen bin.

Schon als ich ganz klein war, haben mein Dad und ich seine alten Surf-Wettkämpfe angesehen. Er bezeichnete sich immer als den König der Wellen. Doch, als er sich das Bein gebrochen hatte, verschwand seine Lust mit der Zeit. Hinzu kam, dass er wegen des Studiums und der darauf folgenden Arbeit weniger Zeit für solche Dinge hatte.

Ich nicht! Schon als kleines Mädchen hatte ich davon geträumt, einfach mit den Wellen mit zu gehen, wo auch immer sie hinwollten. Tagelang habe ich geschrien, damit ich surfen durfte. Papa verstand mich immer sehr gut, aber meine Mum war strikt dagegen. Sie fand es zu gefährlich. Doch Dad und ich sind ein gutes Team. Er kaufte mir ein Surfboard und trainierte mit mir an Land. Das war schon eine ziemliche Herausforderung für mich. Als ich sechs war, sind wir dann endlich umgezogen, direkt ans Meer, wo nichts weiter als der blaue Himmel und das Meer sind. Es gab wohl keinen Tag, an dem ich nicht surfen gegangen war. Alles, was ich konnte, brachte mein Dad mir bei.

Mittlerweile bin ich fünfzehn, doch ich komme mir älter vor. Jedenfalls will ich das oft sein. Dad hatte mich für die ganzen Sommerferien in einem Camp angemeldet. Man konnte dort Zelten, Angeln, Boot fahren, ich weiß auch nicht, aber vor allem surfen! Der Leiter des Camps, Peter Thomson, ist selbst Surfer und hat das Camp extra für Teenager gemacht, die unbedingt surfen wollen! Das einzige Problem ist, es ist nicht gerade um die Ecke, sondern auf Hawaii. Doch der Flug war mir egal und auch, wie lange ich im Flieger sitzen müsste.

Es war ein absoluter Traum von mir richtig zu surfen, wie die Profis es machen! Bisher konnte ich nämlich nicht sehr viel. Wer weiß, vielleicht würde ich sogar wirklich auch mal auf Wettkämpfe gehen können! Sechs Wochen ohne Eltern, dass waren gleich zwei Träume auf einmal! Ich freute mich natürlich riesig, doch aufgeregt war ich auch, wie die Leute dort sind und so was. Das war auch der Grund, wieso ich nicht mehr einschlafen konnte. Der Flug würde um die elf Stunden gehen und die Zeitverschiebung würde noch einmal neun Stunden betragen! Das konnte ja heiter werden! Ich flog um 13 Uhr los und würde dann um neun Uhr morgens ankommen, überlegte ich. Diese Zeitzonen waren verwirrend, aber nötig, wie ich zugeben musste. Ich versuchte weiterzuschlafen, obwohl es mir nicht wirklich gelang.

Als ich aus dem riesen Flugzeug ausstieg, herrschte eine wilde Hektik am Flughafen um die Koffer. Das Gedränge machte mir schlechte Laune, ich war sowieso total müde. Es sollte eigentlich gerade um die 0 Uhr sein und ich im Bett. Der Lärm verstärkte die Kopfschmerzen nur, die ich hatte. Doch als ich zwei Koffer sah, die ganz nach meinen aussahen, besserte sich meine Laune, da ich wusste, bald aus diesem Gedränge zu sein. Ich lupfte die Koffer von dem Band und kontrollierte die kleinen Zettel, die an die Griffe geklebt waren. „Cémie Commiller" stand auf beiden drauf. Erleichtert, dass ich nicht die falschen Koffer hatte und sie nicht zurück aufs Band schleppen müsste verließ ich den Flughafen. Draußen auf dem Parkplatz schien die Sonne aus dem schönen blau, dass meine Kopfschmerzen gleich verschwanden. Wie ich gutes Wetter liebte. Denn bei mir herrschte dauernd Wind und starke Bewölkung, doch es gab auch sonnige Tage.

Ich schaute mich um. Mein Dad hatte einen weißen, kleinen Bus beschrieben, der auf mich warten sollte. Da stand er ja auch, mit einem riesigen Plakat an der Seite. „Camp for Surfers", stand dort drauf. Als ich das große Schild sah, dass auf dem Bus klebte, war ich erleichtert.

Ich musste mich jetzt daran gewöhnen Englisch zu sprechen! Ich war nicht schlecht, auch wenn ich schon vieles über die Probleme der Franzosen für Englisch gehört hatte. Mir fehlte da vermutlich irgendein französisches Chromosom.

Ich beeilte mich und als der Busfahrer mich sah, kam er ausgestiegen. Er hatte einen gelben Strohhut und eine Sonnenbrille auf der Nase. Er sagte nichts und packte mürrisch meine Koffer in ein Seitenfach des Busses. Das war kein wirklicher Bus, ein ganz kleiner mit um die 12 Sitzen. Ich stieg schnell ein. Im Bus gab es nur Einzelsitze, die hintereinander standen, bis auf ganz hinten, an den vier von denen neben einander standen. Dort drängelten sich zwei Jungs um den Platz am Fenster. Daneben saß ein Mädchen in meinem Alter. Alle hatten recht dunkle Haare mit großen, braunen Augen. Alle schon schön braungebrannt, als ob sie hier schon seit Ewigkeiten wohnen würden. Die zwei Jungs sahen sich verblüffend ähnlich - auch wenn einer, im Gegensatz zu dem anderen, größer und stämmiger war und kurze, stachelige Haare hatte. Ich vermutete, dass die beiden Zwillinge waren und auch wenn das Mädchen etwas anders aussah, konnte ich ihr auf Anhieb ansehen, dass sie verwandt waren.

Als der Busfahrer mit seinem mürrischen Blick einstieg und die Tür hinter sich schloss, rutschte ich schnell, bevor der Bus los tuckerte, auf den linken Sitz neben ihr. Der Bus sprang nur mit sehr viel Mühe an, wozu der Busfahrer sichtlich keinen Nerv hatte. Im Ganzen war der Bus schon alt denn der Motor machte einen unheimlichen Lärm. Alles knatterte und quietschte als er fuhr und die Abgase verteilte sich zwischen allen Lücken. Ich wusste nicht, ob diese Karre es noch schaffen würde, uns zum Camp zu bringen, bevor sie zusammenfiel!

Die Straße, auf der wir noch fuhren, wurde von links und rechts mit allerlei Pflanzen begrenzt. Palmen, Büsche, Farnen! Die Straße endete mit einer Rechtskurve zu einem sehr kleinen Parkplatz. Dort setzte uns der Busfahrer ab und holte noch unsere Koffer aus dem Seitenfach. Ohne ein Wort stellte er sie uns vor die Füße und fuhr wieder mit dem Bus fort.

Vor mir lag nichts weiter als ein weißer Sandstrand und ein tiefblaues

Meer. Dahinter erstreckte sich der Horizont mit der tiefstehenden Sonne, die die Wellen zum Glitzern brachte. Helle Wolken färbten sich mit einem sanften, leuchtenden Rot.

Das war das erste, was ich von dem Feriencamp sah. Ich war so fasziniert, dass ich nicht einmal merkte, wie jemand mehrmals meinen Namen rief. Es war ein hellhaariger, junger Mann, der mit einer Liste in der Hand an der Einfahrt stand. Um ihn herum liefen mehrere junge Leute, etwa in meinem Alter, mit ihrem Gepäck umher. „Cémie Commiller?", rief er erneut. „Das bin ich", sagte ich endlich, nachdem ich aus meiner Trance erwacht war. „Ach gut. Zur Anmeldung dorthin!", begrüßte er mich beiläufig. Mit einem zufriedenen Seufzer ging ich den breiten Kiesweg zwischen den mit langem Gras bewachsenen Dünen entlang. Am Wegrand war ein Schild aufgestellt, auf dem groß „Welcome Surfer" stand.

Die Jungs rannten mit ihren Koffern schon los. Das Mädchen blieb stehen und musterte mich. „Hey", rief sie dann. Sie hatte eine freundliche, hohe Stimme. „Hi", ich lächelte ihr zu, als ich meine Koffer nahm und zu ihr ging.

„Bist du das erste Mal hier?" Ich nickte ihr zu. Woran sie das wohl merkte?
„Sieht man mir das an?"
„Du schaust nur, wie Bambi allein im Wald", sie lächelte amüsiert. Ich lächele zurück. „Es wird dir auf jeden Fall gefallen", erzählte sie weiter, „wie weit bist du schon beim surfen?

„Na ja, nicht wirklich weit. Ich meine, ich kann schon auf der Board stehen und ein paar wenige Tricks habe ich auch drauf, aber ich bin jetzt kein Profi", antwortete ich. „Glaub mir, am Ende der Ferien spätestens bist du es. Hast du Peter schon einmal surfen sehen? Der bringt dir das in Nullkommanichts bei. Obwohl, Sam leitet dieses Jahr das Camp, aber er ist total nett", plapperte sie los, „oh, ich bin übrigens Rica, Rica Miller!" Sie reichte mir die Hand. „Cémie Commiller", ich schlug ein. Rica blinzelte verdutzt.

"Commi...was? Von welchem Teil der Erde kommst du denn?"

„Westfrankreich. Wenn du mich fragst, liegt es eher auf dem Mond, anstatt auf der Erde!" Wir kicherten und gingen zum Strand. Das Rollen mit unseren Koffern war auf dem Sand nicht sehr leicht, also mussten wir sie tragen, was nicht sehr leicht war, insbesondere mit zwei Koffern. Rica schien es genauso zu gehen.

Ich schaute mich um. Vor mir lag hellgelber Strand und dahinter dass kristallklare Wasser. Rechts von mir war eine große Holzhütte, mit mehreren Türen, darunter eine große Glastür, die in einen Raum mit Tischen und Stühlen führte, mehrere große Fenster und einem Strohdach. Zweistöckig war es, mit einer kleinen Treppe, die am Rande des Holzhauses gebaut war, da der Sand schräg zum Meer überging und zu der Glastür führte. Weit hinter der Hütte gab es noch einen hölzernen Steg, auf dem gerade niemand war und nur ein kleines, weißes Bötchen angelegt war und von dem Wellen schwankte.

Links von mir gab es dort einen kleinen Schuppen, ebenfalls aus Holz, der vorne offen war und in dem riesige Surfboards in allen Breiten und Größen waren. Die meisten davon waren weiß, mit bunten Blumen, oder Firmenzeichen bemalt. In dem Schuppen lag auch einiges an Gerümpel, Kisten und Taschen mit Volleybällen, Volleyballnetzen, eine zusammen gelegte Tischtennisplatte und Federbälle plus Schläger. In einer Tasche lagen lauter Sprayflaschen mit verschieden Farben.

Auf einem Regal, dass an der inneren Seite des Schuppens geschraubt war, standen mehrere Pokale, mit Surfen. Musste wohl Peter gewonnen haben, dachte ich. Links von dem Schuppen erstreckten sich mehrere kleine Zelte den Strand entlang. Es waren nicht viele, vier zählte ich. Ein kleines rotes, ein größeres oranges und zwei gleichgroße, wie das rote, nur in hellblau und dunkelgrün.

Beim Schuppen stand ein anderer junger Mann, gut aussehend, aber dass waren so ziemlich alle Jungs, die ich bisher hier herum springen gesehen habe. Der Mann hatte hellblondes, krauses Haar und grünliche Augen. Eine etwas zu große, runde Nase und eine Muschelkette mit einem

Lederband um den Hals. „Sam", flüsterte mir Rica ins Ohr. Wir standen in der Schlange vor ihm. Sam hatte eine Liste in der Hand und zeigte den Mädchen und Jungs vor mir ihr Zelt. Ich streckte ihn den Zettel hin, den ich schon seit der Busfahrt in der Hand hielt.

Es waren nicht sehr viele Neuankömmlinge heute. „Warum sind eigentlich so wenige da?", fragte ich Rica. „Na ja, es sind nicht viele, die alle sechs Wochen mitmachen. Die meisten kommen eher in den ein bis zwei Wochen-Programmen oder sie übernachten hier gar nicht, sondern machen nur einzelne Kurse. Ich war letztes Jahr schon bei den sechs Wochen dabei, davor bin ich auch nur in den Pfingstferien gekommen", erzählte sie mir.

Da waren wir auch schon dran und Sam lächelte in unsere Gesichter. „Wen haben wir denn hier? Die ganze Millersfamilie komplett?", fragte er und grinste. Rica nickte. Vermutlich kannte Sam sie noch. „Also, Rica, schön dich wieder zu sehen. Du bist gleich im ersten Zelt, das rote. Zusammen mit Cémie Commiller..."

Wir zwei schrien vor Freude auf. Wenigstens eine, die ich schon kannte und jetzt würden wir sogar ein Zelt teilen!

„...und Vitray Helleson, ihr habt das Zelt Nummer 14", beendete Sam seinen Satz, kritzelte etwas auf seine Liste und rief den nächsten auf."

Rica stöhnte laut auf und verdrehte die Augen.

Sie drehte sich zu mir um: „Na toll, was Blödes kommt da her!" Genervt ging sie zu unserem Zelt, dass laut Sams Beschreibung das erste, rote war. Ich folgte ihr bis dorthin, dann stellte sie einen Koffer in den Sand und zog den Reißverschluss des Zeltes auf. Innen drin standen drei Feldbetten an den Seiten des Zeltes, mit weißen Decken und Kopfkissen, deren Bezug fehlte. Daneben standen drei gleiche Kommoden aus Holz. Rica und ich schauten uns um. „Ich nehme das ganz am Fenster!", rief sie und nahm das ganz linke Bett. Ich sah mich weiterhin um. Die Decke des Zeltes war einen Kopf über mir, wodurch die Sonne nur wenig hindurch strahlte. Trotzdem war es hell. Auf dem rechten Bett lag bereits ein dicker Koffer und mehrere Taschen mit glitzernden Anhängern und Schleifchen.

Vitarys Sachen, vermutete ich. Ich nahm das Bett ganz hinten, parallel zur Tür. Mir blieb außer dem Boden auch nichts anderes übrig. Während ich dabei war, meine Sachen in die Kommode umzupacken fragte ich:„Rica, sag mal. Wer ist diese Vitary?" Rica drehte sich zu mir um.

„Nenne mich doch einfach Rica, das tun alle. Und Vitary, die, die ist total eingebildet, wenn du mich fragst!"

„Kannst du sie nicht leiden?"

„Wir waren dicke Freundinnen. Doch seit letztem Jahr, als Andy in ihre super coole Gang gekommen war, hing sie nur noch mit denen ab und lies mich abblitzen. Sie hat sich auch ganz schön verändert, jedenfalls ist sie zu mir so komisch!"

„Andy und die Gang?"

Rica, die vor ihren Sachen gekniet hatte, stand auf und sagte schnell „Komm!" Ich folgte ihr nach draußen, wo sie mit ihren Augen den Strand absuchte. Sie zeigte zu dem grünen Zelt, vor dem drei Jungs und ein Mädchen standen. „Die Gang! Der große, mit den längeren, blonden Haaren und dem schrägen Pony, das ist Will Thomson, Peters Sohn. Daneben die zwei sind Eilen Jagger und Andy Thuoski. Eilen ist der, mit den schmalen Lippen, den schwarzen Haaren und den grauen Augen. Er hat ein Loch im Ohr, so groß, dass sogar Zigaretten hindurch passen, schräg oder!

Ach ja und Andy, ist der kleine Süße, der etwas rotbraune Haare hat und der mit dem Labradorgesicht! Seine Vorfahren sollen sogar einem alten Indianerstamm angehören.

Alle Jungs waren braungebrannt und hatten ganz schön Muskeln. Vom surfen dachte ich.

Vitary ist die, mit den roten Zotteln und den Sommersprossen." zeigte sie mir. Auch Vitary, die sehr hübsch war, hatte ordentliche Muskeln in den Beinen.

„Sind die auch zum zweiten Mal hier?" fragte ich weiter. Rica schüttelte den Kopf: "Will schon sein ganzes Leben, klar sein Vater, Eilen und Vitary das dritte Mal und Andy ist erst letztes Jahr hierhergekommen. Die sind immer zusammen, haben es nicht so mit Neuen."

Ich beobachtete die Gang. Niemand von denen beachtete mich, bis Andys Augen meine trafen. Er lächelte mir freundlich zu, dass mein Herz einen kleinen Sprung machte. Er war anders als die anderen, das viel mir sofort auf. Er war nicht so selbstsicher, er war eher schüchtern, schien es mir. Ich wurde leicht rot, als er mich breit anlächelte. „Mir scheint es nicht so, als würden sie keine Neulinge mögen", ich grinste.

Rica hatte meinen Blick direkt geschnallt: "Du magst ihn!", rief sie in diesem komischen Ton, „Andy ist wirklich in Ordnung, Eilen hin und wieder auch. Will war mal echt cool, bevor er mit Vitary zusammen gegangen ist!" Ich konnte Rica gar nicht zu hören, denn ich war völlig in Gedanken bei Andy. Als Vitary Andys Lächeln verfolgte und mich danach mürrisch ansah, schaute ich verlegen weg.

Vitary kam zu uns und setzte ein künstliches Lächeln auf: "Na, Neue? Habe dich noch nie hier gesehen. Hallo Rica", sagte sie in einem hochnäsigen Ton," und wer bist du?" „Cémie, Cémie Commiller!", antwortete ich. Vitary zog ungläubig die Augenbrauen hoch. „Aha, schön für dich! Dann bist das also du, mit der ich ein Zelt teilen muss! Gleich zwei Streber", sie verdrehte die Augen. „Bist du sicher, denn ich ...", wollte ich gegen ihr Vorurteil protestieren, doch sie fiel mir ins Wort: "Bist du sicher, denn ich ...?! Wie alt bist du, Fünf?!" Mit diesen Worten drehte sie sich um.

„Ist die immer so?", ich zeigte auf Vitary. „Ja, genauso ist sie", Rica nickte. Das konnte ja toll werden! Rica und Vitary, die sich so gut wie hassten in einem Zelt! Und ich war auf dem besten Weg, genauso Streit mit Vitary zu bekommen! Ich ließ mich hängen. „Mach dir nichts draus, die ist immer so", ermutigte Rica.

„Sag mal, sind die beiden Jungs im Bus mit dir verwandt?", wollte ich vom Thema ablenken. „Till und Justin, meine Brüder. Zwillinge und älter als ich", erzählte sie. Hatte ich es mir also fast gedacht! „Wenn du willst, stelle ich sie dir mal vor!", meinte sie. Ich nickte eifrig.

Till und Justin schliefen in dem blauen Zelt, das vor dem Grünen stand.

Ohne ein Wort platzte sie herein und zog mich mit sich. „Hey alte Saftflasche!", begrüßte sie der Größere und Stämmigere. „Lass die Späße Till!" Dann musste der mit den längeren, dunklen Haaren Justin sein. „Wen hast du denn da geangelt?". Justin beobachtete mich grinsen und pfiff.

Ich merkte, wie ich rot wurde. Das passierte immer, wenn mich süße Jungs anlächelten. Es war fast wie ein Fluch. „Meine neue Freundin und Mitbewohnerin, Cémie, meine nervigen Brüder!", dabei lächelte Rica. „Denkst du auch, was ich denke Till?", schmunzelte Justin. „Aber hallo!", rief Till. Sofort stürmten die Beiden auf uns los und nahmen uns Huckepack. Ich saß auf Tills breiten Schultern, Rica auf Justins. Die beiden rannten mit einem Affenschrei zum Strand heraus, ins Meer. Erst dort ließen sie uns mit Schwung ins Wasser plumpsen.

„Ey! Na wartet ihr Looser", Rica ging gleich zum Angriff über und spritze sie nass. Ich tat es ihr nach. Sofort startete eine eiskalte Wasserschlacht, in der Rica und ich die Jungs mehrmals lachend unter Wasser tunkten. Von unserem Geschrei wurden die anderen Camper hellhörig und kamen zu uns ins Wasser gestürmt.

Fast alle, nur Andy und seine Gang standen am Strand und Vitary rümpfte ihr hübsches Näschen. Jedenfalls kannte Rica von den angestürmten Campern eigentlich alle und stellte sie mir nach einander vor. Drei Mädchen, Emma, eine hübsche hellblonde mit grellen Augen, die ungefähr so gleich alt wie ich war. Bell, mit hellbraunen, kurzen Locken war bestimmt neunzehn oder zwanzig. Dann gab es da noch Lilly, das ganze Gesicht voller frechen Sommersprossen und hellroten Haaren. Sie war zehn und somit noch quietschend kindisch. Aber wir alle fanden sie zuckersüß. Sie ist Bells Schwester.

Dann waren da noch zwei Jungs namens Jack und Bill. Beide hatten mittelblondes Haar und hatten, in Gegensatz zu den anderen, weißere Haut. Die beiden Jungs kamen wohl aus einem eher nördlichen Teil der Erde. Rica kannte beide nicht, aber mit Emma, Bell und Lilly war sie offenbar schon dickste Freundinnen im letzten Jahr gewesen.

Was die Herkunft von allen Campern anging, sprachen sie perfekt amerikanisches Englisch, im Gegensatz zu mir. Jeder des Camps, selbst wenn er mich nur ein Wort sprechen gehört hatte, wusste, dass ich nicht aus einem englischsprachigen Land kam. Aber so schlimm war es nicht. Ich meine, ich verstand alles. Na ja, fast alles, doch es störte keinen.

Was störte war, dass sich ziemlich alle kannten, bis auf mich. Während sich alle aufgeregt die Ereignisse des letzten Jahres erzählten, von denen ich keine Ahnung hatte, stand ich meistens nur neben Rica und Emma. Lilly und Bell tobten mit Ricas Geschwistern, Till und Justin. Und die hellhäutigen Jungs waren schon wieder in Richtung ihrer Zelte verschwunden.

„Hey Leute. Hammer geil das ihr da seid. Ich hab euch so vermisst!", Rica umarmte alle nach einander. „ Wir dich auch, Rica, du fehlst uns in Nordamerika!", sagte Emma traurig. „ Hey, das ist meine neue Zeltmitbewohnerin Cémie!", stellte sie mich den drei vor. Ich lächelte sie an. „Ah, hi! Du bist das erste Mal hier, stimmt es? Also es wird dir ganz sicher gefallen, vor allem weil wir so einen super süßen Surftrainer haben!", Emma schrie vor Freude. „Ja, Sam, der ist echt so heiß, warte bist du ihn siehst", stimmte Bell zu. „Hat sie schon", Rica zog die Augenbrauen hoch.

Bell musterte mich mit einem komisch erwartenden Blick. „Ja...er ist echt süß" murmelte ich und schaute wieder zu Andy und seiner Gang, die immer noch am Strand standen. Während Vitary, Will und Eilen sich geheimnisvoll unterhielten, stand Andy abwesend daneben und schaute mich an. Doch als unsere Blicke sich trafen, schaute er schnell verlegen weg. Ich wurde leicht rot und konnte mir ein Grinsen nicht verkneifen. Zum Glück folgten Emma und Co. meinem Blick nicht. Die quatschten lieber über den Surflehrer. Klar ich fand auch, dass er unverschämt gut aussah, aber im Moment interessierte er mich nicht. Ich erinnerte mich daran, was Rica gesagt hatte, dass die Gang, in der Andy war, immer für sich war. Und tatsächlich interessierte sich keiner der anderen für sie. War ich die einzige hier, die das komisch fand? Ich beschloss zu Andy zu gehen, wenn er nicht zu mir kommen würde. Doch als ich ein paar

Schritte von den anderen weggegangen war, rief Rica mir hinterher: "Cémie, wo gehst du denn hin?!"

„Na zu denen!", ich zeigte zu der Gang. Emma wurde hellhörig: "Warum? Was willst du von denen?" „Wir sehen uns nachher, ja?", seufzte ich. Mit diesen Worten drehte ich mich um. Ich konnte ja schlecht zu geben, dass ich zu Andy wollte. Mühsam kämpfte ich mich aus den heranrollenden Wellen heraus auf den Strand und ging zu der Gang herüber.

Will, der mit dem blonden, schrägen Pony, sah mich als erstes. „Na, wen haben wir denn da?", begrüßte er mich. Vitary und die anderen sahen auf. „Cémie!", rief Vitary künstlich freundlich, "was hast du denn hier verloren?". Sie legte einen Arm um mich. „Ach, ich wollte nur mal sehen, was ihr hier so treibt!" Eilen musterte mich böse und rief: "Sie hat hier nichts zu suchen!" „Du hast es gehört, Cémie, geh mal lieber zurück zu deinen Streberfreunden!", Vitary löste ihren Arm um mich und schob mich weg. Will machte eine wedelnde Handbewegung und grinste fies. Mir blieb nichts anderes übrig, als mich wieder zu Rica und den anderen zu gesellen. Enttäuscht ging ich wieder zurück ins Wasser. Die Gang war echt für sich! Und das mit Andy konnte ich mir wohl auch abschlagen! „Und, was haben wir dir gesagt!", hörte ich Rica rufen, die mit den anderen mir entgegen kam. „Ja ja, schon gut!", winkte ich ab.

Nach einer Weile meinte Bell, dass wir auspacken sollten, bevor dass Willkommen-Programm begann. Danach hätten wir nämlich keine Zeit mehr dafür. Also marschierten wir zu unseren Zelten. Ich ging voraus ins Innere und Rica schloss den Reißverschluss der runden Tür hinter sich. Mit großen Augen schaute sie sich ihr Gepäck an, das auf dem Bett lag. „Na dann mal los", seufzte sie und kniete sich vor ihr Bett. Auch ich begann damit, erst einmal alle Sachen aus meinen Koffern und Taschen heraus zu holen, bevor ich ihnen eine Ordnung in der Kommode gab. Ich hatte gar nicht so viel dabei, immerhin gab es hier Waschmaschinen. Daran hatte wohl auch Rica gedacht, denn als alles aus unseren Koffern ausgepackt war und auf verschiedenen Haufen auf unseren Feldbetten lag, meinte Rica: "So viel wie das im Koffer so aussieht, ist das gar nicht!" Lachend stimmte ich ihr zu. In den Koffern sah das alles tatsächlich viel mehr aus.

Da hörten wir dass kratzende Geräusch des Reißverschlusses und rote Zotteln stürmten herein. Vitary, oder besser „Vitary", wie Rica sie nannte. Misstrauisch musterte sie erst uns und dann die Sachen auf unseren Betten: „Das ist doch nicht alles, was ihr dabei habt?" Mit gerunzelter Stirn schaute ich sie an. Was meinte sie damit, dass sei doch nicht alles? So wenig war das nun auch wieder nicht, erst recht nicht, wenn man eine Waschmaschine zu Verfügung hatte, oder gleich mehrere! Rica schnaubte genervt die Luft aus: „Nicht jeder muss immer seinen ganzen Kleiderschrank mitnehmen, wenn er verreist. Erst recht nicht, wenn man fast die ganze Zeit im Wasser ist. Aber stimmt, du verwechselst ja immer alles mit einer Modenschau!" Rica verdrehte die Augen. „Ach ja, vielleicht will ich einfach nicht so aussehen wie du? Als ob es so schlimm ist, wenn man einfach nur gut aussehen will"; giftete Vitary zurück.

Verächtlich musterte Rica Vitary und erwiderte: „Als ob es bei dir jemals möglich wäre, gut auszusehen!"

„Musst gerade du mir sagen. Hast du schon mal in den Spiegel gesehen? Du siehst langweilig aus, dein Stil ist der einer 90-jährigen Oma! Es ist echt peinlich, was du hier abziehst!"

„Peinlich? Du siehst super billig aus! Du machst mit einem Jungen nach dem anderen Schluss! Und da sagst du mein Verhalten ist peinlich?"

„Ja, und wie! Du bist doch einfach nur neidisch, dass sich kein einziger Junge für dich interessiert! Wie auch, wenn du gleich mit jedem Stress machst, der dich nur etwas fragt!"

„Erstens mach ich nicht mit jedem Stress, es sei denn es sind aufgeblasene, eingebildete Obertussies in der Nähe, zweitens hast du mich nicht etwas gefragt, du wolltest nur mal wieder zeigen, dass du die Beste bist und drittens würde ich mich echt noch super gern mit dir so nett unterhalten aber...das wird mir echt zu blöd!"

Ich hatte nur die ganze Zeit daneben gestanden und nichts getan, doch als Rica mit diesen Worten wütend das Zelt verließ, folgte ich ihr. „Man war das eine Aktion! Jetzt verstehe ich, was du meintest mit: „'Sie hat sich verändert!' und ‚du tust mir echt leid!'" versuchte ich Rica zu beruhigen, die wütend und eilig vor mir herlief. Doch dann drehte sie sich abgrubt zu mir um: „Ach ja? Du hast doch nur daneben gestanden und was hast du getan um mir zu helfen? Nichts! Merkt man, wie sehr ich dir Leid tu!"

Wütend drehte sie sich wieder um und lief weiter doch ich lief ihr nicht mehr hinterher. So sauer, wie sie war, sollte man sie wohl besser in Ruhe lassen. Aber dass sie auch sauer auf mich war? Ich wollte nicht direkt am ersten Abend Streit mit meiner Zeltbewohnerin außerdem hatte mir Vitary bis auf diese komische Bemerkung nichts getan!

Bedrückt lief ich in die andere Richtung, zu den Zelten. Die meisten waren leer, bis auf das letzte der Jungs, aus dem Gemurmel kam. Ich konnte Wills Stimme hören, aber nicht was er sagte. Als ich näher kam, hörte ich auch Eilen und Andy, doch auch die verstand ich nicht. Gerade, als ich fast vor dem Zelt stand, kam Vitary hinter mir her und funkelte mich böse an: „Sag mal kapierst du es nicht? Halt dich fern von uns! Na wird es bald, geh schon!"

Durch die Schreierei wurden auch die Jungs aufmerksam und kamen einer nach dem anderen aus dem Zelt. „Du schon wieder, was tust du hier?", fragte Eilen ärgerlich. Andy hielt Eilen zurück und wendete sich an mich: „Geh, das ist besser."

Bedrückt ging ich zum Lagerfeuerplatz neben der großen Holzhütte vor, bei dem auch schon Rica, Bell, Emma und Lilly auf einem der riesigen Baumstämmen saßen und lachten. Als ich näher kam, räusperte ich mich. „Darf ich mich da hin setzten?", fragte ich zögernd. Rica nickte entschuldigend. Ich setzte mich neben sie und sagte: „Sorry, wegen eben. Ich wollte nur nicht am ersten Tag schon Streit!" Rica schüttelte den Kopf: „Ob es am ersten Tag oder zwei Wochen später ist, spielt keine Rolle. Du wirst Streit mit Vitary haben, glaub mir. Kenne keinen, der nicht Streit mit ihr hatte!", erklärte Rica.

Darauf sagte ich nichts und schaute weg, als ich die anderen Camper ankommen sah. Ich schaute mir die Gesichter an, doch Andy's war nicht dabei. Auch der Rest der Gang nicht. Mit gerunzelter Stirn suchte ich den Strand ab.

„Cémie, was ist los?", fragte Rica.

„Ach...gar nichts!"
„Wenigstens haben wir beim Lagerfeuer unsere Ruhe vor Miss Obertussie!"
„Wieso?"
„Sie und ihre Gang kommen nie zu unserem Lagerfeuer. Allgemein kommen sie zu fast nichts, weder Lagerfeuer noch Surfunterricht! Höchstens zum Essen lassen sie sich blicken!"
„Aber warum? Dürfen die das überhaupt?"
„Frag doch die! Du hast doch allgemein so ein enormes Interesse an denen!"
„Ach, Quatsch!"

Zum Glück kamen Ricas Brüder Justin und Till gerade an bevor Rica noch etwas erwidern konnte. „Na Schwesterherz!", begrüßte sie Till, der größer als sein Zwillingsbruder war und kürzere Haare hatte. „Hat Vitary schon gemault?", fragte Justin ironisch. „Von der kann man doch nichts anderes erwarten, stimmt's Cémie?", erwartungsvoll schaute sie mich an. „Ähm, also ich...ja", stotterte ich. Rica verdrehte genervt die Augen, während Till und Justin sich neben mich setzten. Auch die zwei anderen Jungs setzten sich, also waren wir bis auf die Gang vollzählig.

Sam kam mit seiner Gitarre unter dem Arm. Bell, Emma und Rica wurden sofort rot, natürlich! Gut gelaunt setzte sich Sam auf einen kleinen Baumstamm. Lächeln schaute er in die Runde und stützte seine Gitarre auf seinem Oberschenkel ab. „Also!", begann er laut, „ ... erst mal ein ganz herzliches Willkommen an alle. Freut mich, dass ihr alle hier seid. Gut, erst einmal ein paar grundlegende Sachen. Ihr bleibt sechs Wochen hier, also die ganzen Sommerferien! Die ersten fünf Wochen werden wir trainieren, an eurer Technik feilen und so weiter. In der letzten Woche findet ein Surfcup statt, bei dem Surfer der gesamten Hawaiischen Islands mit machen. Also Leute, üben, üben und üben! Gut, Frühstück gibt es um acht, Mittagessen um zwölf und Abendessen um sechs, bitte pünktlich sein. Wir essen übrigens in der großen Hütte, ganz rechte Tür. Die Toiletten, Duschen und so weiter sind dann die zwei Türen dahinter. Und die ganz letzte Tür führt zum Gemeinschaftsraum. Da gibt es Tischkicker und solche Sachen. Was habe ich noch vergessen, ach ja! Nachtruhe ist um elf und noch was ganz wichtiges: Niemand verlässt das Camp ohne meine Erlaubnis, klar? Der Unterricht ist von neun bis zum Mittagessen. Wenn ihr wann anders noch surfen wollt, in Ordnung, aber geht bitte vorsichtig mit den Boards um! So, dann würde ich sagen gibt es jetzt erst Mal etwas zu Essen. Also, heute sitzen wir nicht im Esszimmer, wir grillen nämlich!"

Die Jungs halfen Sam, dass Feuer in Gang zu bringen, während wir Mädchen das Fleisch aus der Küche holte, die durch eine Tür in Verbindung mit dem Esszimmer stand. In der Küche stand Wills Mutter Helena. Sie hatte kurze blonde Haare, die ihr glatt über den Ohren lagen. Wills Vater gesellte sich erst später zu uns, als wir alle schon dabei waren knackige Würstchen übers Feuer zu legen. Die Jungs hatten dort nämlich ein Gerüst aus drei Stöcken, mit einem Gitter in der Mitte aufgebaut.

Wills Vater Peter haute richtig rein. Rica meinte, wenn wir nicht gewesen wären, hätte Peter die Steaks und Würstchen auch ganz gut alleine hinbekommen. Aber nicht nur Peter hatte großen Appetit, auch die Jungs schlugen sich die Bäuche voll. Erst als alles gegessen war und das Feuer kaum noch flackerte, kamen vier dunkle Schatten von den Zelten herüber gelaufen. „Schön, dass ihr uns auch beehrt!", rief Sam ihnen entgegen.

Vitary tauchte ins warme Licht des Restfeuers und zog lächelnd ihre kleinen Kopfhörer aus den Ohren. „'Tschuldigung!", brachte die nur hervor. Die Gang setzte sich auf den letzten, freien Baumstamm. „Hast du nicht gesagt, dass die nie kommen?", fragte ich Rica leise. „Mir wäre es auch lieber gewesen!", flüsterte sie zurück. Vitary begann mit Will zu kichern, die eng nebeneinander saßen. „Hey, Rica, guck mal. Offenbar sind Will und Vitary wieder zusammen!", tuschelte Bell mit Rica. „Und schau mal, wie sie an ihrer Locke dreht!", ergänzte Emma. „Und dieser Gesichtsausdruck!", Rica und die anderen zwei kicherten auch los. Offenbar war Vitarys Privatleben hier das neuste Gespräch des Camps.

Ich konnte natürlich den ganzen Abend meine Augen nicht von Andy lassen. Noch nicht mal dann, als er bemerkte, wie ich ihn die ganze Zeit anstarrte. Von den Liedern, die Sam mit der Gitarre begleitete, bekam ich kein Wort mit.

Später erzählte Peter noch eine alte Stammesgeschichte, die er von seinem Großvater erzählt bekommen hatte:

"Früher, als es hier noch keine weißen Menschen gab, sondern nur die alten Naturvölker, benannten sie diese Zeit die Zeit der ersten Wellen. Und mit den ersten Wellen kamen auch die ersten Surfer. Das Surfen ist annähernd 4000 Jahre alt und wurde von den Polynesiern erfunden, die die pazifischen Inseln besiedelten und somit auch Hawaii. Die Polynesier surften zu erst auf Holzbrettern oder was sie alles sonst noch fanden. Sie surften auch nicht zuerst im Stehen, meistens knieten oder lagen sie. He'e nalu nannten sie es. Bis dahin ist die Geschichte auch den Wissenschaftlern bekannt. Aber was sie nicht wissen, ist, dass die Polynesier extreme Tierfreunde waren. Sie lebten mit ihnen zusammen wie eine Familie. Der Stamm, der auf Hawaii lebte, ein unbekannter Stamm, der sich Miouwiqua nannten, war besonders rücksichtsvoll. Er wusste, dass die Menschen die Herrscher des Landes waren, so wie die Adler die Herrscher der Lüfte und die Haie die Herrscher des Meeres waren. Der Stamm schloss mit den Adlern und Haien einen Packt: Alle waren sich einig, dass es nur einen Herrscher geben konnte. Aber um sich nicht zu bekriegen, beschlossen sie, sich gegenseitig aus ihren Jagdgebieten fern zu halten. Zwar durften die Menschen ins Wasser und die Adler an Land aber sie nahmen sich nicht gegenseitig ihre Beute weg. So lebten die Tiere mit dem Stamm friedlich zusammen. Sehr sehr lange sogar, doch nichts ist für die Ewigkeit!

Nachdem um die Zeit 1500 Amerika entdeckt wurde, dauerte es nicht lange, bis die Weißen auch Hawaii entdeckten. Mit den Einheimischen verstanden sie sich recht gut, nur mit den Haien nicht. Aus Angst griffen die Weißen die Haie an und machten sie bekannt als mörderische Bestien, die in der Tiefe des Meeres lauerten. Die Weißen begannen die Haie zu jagen, damit war der Packt gebrochen worden und so war der Friede auch zu Ende. Immer wieder kam es zu Angriffen von Haien, die ganze Strände unsicher machten. Haie sind blutrünstige Monster, kalt und gefühllos, so stellten sie die Weißen hin. Die alten Geschichten von Gleichgewicht und Frieden wurden immer mehr vergessen und mit dem Tod des letzten Miouwiqua verschwanden sie ganz."

Peter seufzte laut, bevor er uns zu unseren Zelten schickte. Es war schon kurz vor elf! Rica und ich holten unsere Kulturbeutel und liefen eilig durch die dunkle Kälte zurück zur großen Hütte. Rechts neben dem Esszimmer waren die Sanitäranlagen. In dem Raum hab es mehrere Waschbecken mit kleinen Spiegeln, dahinter vier Duschen mit orangen Vorhängen. Zwei Steckdosen waren neben der grün lackierten Tür. Über uns flackerten die langen, alten Lampen, die ein grelles Weiß ausstrahlten.

„Eine Renovierung wäre vielleicht keine schlechte Idee!", flüsterte Rica mir kichernd zu. „Solange es nur zum Waschen ist" meinte ich zufrieden. Da öffnete sich die schwere Tür und Vitary kam herein. „Keine Sorge, wir sind schon fertig!", rief ich schnell, bevor sie wieder einen ihrer fiesen Kommentare loswerden konnte. Rica nahm ihr Handtuch unter den Arm und ergänzte: „Ja, wir wollen ja nicht mit ansehen müssen, wie hässlich du auch noch ohne Make up aussiehst!" Dabei machte Rica Würgegeräusche. Vitary verdrehte nur die Augen und knallte die Tür hinter sich zu. Und ob die Begegnung mit Vitary nicht schon schlimm genug wäre kam draußen auch noch der Rest der Gang uns entgegen. Böse funkelten Will und Eilen mich an. „Mach einen großen Bogen um uns!", rief Will und ging weiter. Andy lächelte mich aufmunternd an.

„Ach, mach dir nichts draus!", beschwichtigte Rica mich und schob mich ins Zelt in dem wir noch kurz unsere Sachen fertig in die Kommoden einräumen mussten. Als wir unsere Luftmatratzen, Decken und Kissen ausgebreitet hatten, kuschelten wir uns ins warme Bettzeug. Rica knipste ihre blaue Taschenlampe an und begann in einem noch sehr neuen Buch zu lesen. Schon nach den ersten drei Seiten war sie so vertieft darin, dass sie noch nicht einmal merkte, dass die Zelttür aufging und Vitary hineinkam. Ohne die Massen an Make up, die sie sich tagsüber ins Gesicht geschmiert hatte, sah sie wirklich besser aus. „Wo warst denn du noch so lange?", versuchte ich eine halbwegs nette Unterhaltung zu starten, doch fehlgeschlagen: „Was geht dich das an?! Kümmere dich gefälligst um deinen eigenen Kram!", giftete sie zurück. Rica schaute von ihrem Buch ab. „Wetten, du warst bis jetzt noch im Bad? Bei den Kilo Make up muss man sich echt nicht mehr wundern, dass du so lange brauchst. Außerdem, bei der Menge hat das sowieso schon jeder gesehen, kannst es also ruhig zugeben, wo du warst!"

Vitary drehte an ihrer Locke und funkelte Rica böse an. „Wenn ich so aussehen würde, wie du, würde ich lieber ganz schnell die Klappe halten!"

„Ich finde, du siehst ohne Make up viel besser aus", versuchte ich es weiter.

Rica drehte ihren Kopf zu mir um und sah mich entsetzt an. „Ich wusste gar nicht, dass du so einen schlechten Geschmack hast, Cémie!", rief sie.

Vitary krabbelte unter ihre Decke. Offenbar war selbst ihr dieses ständige Gezicke zu viel geworden. Doch sie lag nicht lange im Bett. Nach fünf Sekunden setzte sie sich wieder auf und maulte Rica an, sie solle ihre verdammte Taschenlampe ausmachen. Ausnahmsweise gab Rica mal keine Widerworte und steckte ihr Buch weg.

Der helle Halbmond schien sanft durch die Zeltwand. Obwohl ich das eigentlich nie tat, schlief ich sofort ein. Doch mein Schlaf hielt nicht lange an, denn ein Kratzen durchbrach die Stille. Mit müden Augen konnte ich sehen, wie Vitary das Zelt verließ. Was machte sie so spät in der Nacht draußen? Draußen hörte man ihre leisen Schritte durch den Sand tapsen und es hörte sich nicht so an, als ob sie in Richtung Klo gehen würde. Wohin ging sie, mitten in der Nacht? Ich beschloss ihr nicht zu folgen, dass würde nur Ärger bringen. Einschlafen konnte ich trotzdem nicht mehr. Ständig wälzte ich mich hin und her. Ich dachte oft an Andy, der gerade einmal ein Wort mit mir geredet hatte. War er zu schüchtern oder was war sein Problem? Und warum war die Gang so feindlich gegenüber Neulingen? Oder war sie zu allen so? Und wenn, warum? Fragen über Fragen rollten in meinem Kopf umher, wie kleine Murmeln.

2.

Als ich am Morgen früh aufwachte lag Vitary bereits wieder in ihrem Bett. Ich kramte nach meiner kleinen Armbanduhr. Es war erst halb sieben. Eineinhalb Stunden bis zum Frühstück, na toll! Ich war schon immer eine Frühaufsteherin gewesen. Wie es wohl andere Leute schafften bis zwölf Uhr oder noch länger zu schlafen? Leise kramte ich meine Duschsachen zusammen und machte mich auf den Weg.

Der Strand war noch leer und kühl. Der Himmel war rot und lila, die Sonne war noch nicht aufgegangen.

In dem Licht
Unter dem Himmel
Der Wind singt sein
Lied der Nacht

Und ich weiß,
Ewigkeit
Wär' viel zu kurz
Für diesen Ort

Wo niemand schreit,
Niemand weint

Ich summte die Melodie des Liedes aus meinem MP3-Player nach während ich eine Wolke oben am sonst klaren Sommerhimmel beobachtete wie sie langsam ihre Form veränderte. Vor ein paar Minuten hatte sie noch ausgesehen, wie ein großer, weißroter Vogel, der durch die warme Luft gleitete. Langsam verschwammen die Konturen und die Wolke war dabei sich aufzulösen. Die warme Sonne war aufgegangen und ließ mit ihren langen Strahlen, die durch das Geäst der Bäume fielen, die grünen Blätter und Grashalme funkeln und tauchte sie in ein warmes Licht. Ab und zu hörte ich ein leises Summen einer Biene, die um die lilanen Blüten kreiste. In einem Ohr hatte ich meinen Kopfhörer stecken und hörte damit nebenher leise Musik. Trotzdem konnte ich das leise Gezwitscher der Vögel hören.

Ich war schnell mit Duschen und Föhnen fertig, obwohl ich eigentlich mir Zeit lassen konnte. Selbst als ich nach draußen trat, war der Strand menschenleer. Zügig packte ich mein Zeug weg und überlegte was ich die Stunde noch machen könnte. Rica würde bestimmt sich erst in einer halben Stunde fertig machen, da könnte ich lange warten. Da kam mir die Idee. Schnell zog ich mir den Bikini an und ging ich wieder nach draußen zu dem alten Schuppen herüber und nahm mir eines der großen Surfboards heraus, die dort hintereinander gestapelt waren. Mit dem Board unter dem Arm rannte ich in das noch etwas kühle Meer. Mit den Armen paddelte ich auf das offene Meer hinaus und wartete auf eine Welle. Als eine kam, wendete ich mein Board wieder zum Strand bevor die Welle mein Surfboard unter sich anhob. Das Board nahm Geschwindigkeit auf. Ich ließ mein Board gleiten und stützte die Hände auf dem Board ab. Dann stellte ich den vorderen Fuß zwischen meine Hände und kam in die Hocke. Nun richtete ich mich ganz auf und fuhr an der Wellenwand entlang. Es war ein unglaubliches Gefühl! Mein Board flog regelrecht über das Wasser. Sanft blies der Fahrtwind mir ins Gesicht und ließ meine Haare flattern wie Feuer. Die Welle wurde größer und schneller und trug mich völlig schwerelos mit sich. Ich streckte die Arme aus und schloss die Augen. Hinter mir hörte ich die sprudelnde Gischt in sich zusammen Fallen. Viel Zeit aus der Welle zu kommen blieb mir nicht mehr. Als ich die Augen wieder öffnete, erkannte ich das Ende der Welle, dem ich immer näher kam. Ich fuhr mit dem Board auf den Lip der Welle, die weiße Schaumkrone, auch Weißwasser genannt. Ich sprang von meinem Board ab ins Wasser. Über mir rollte die Welle hinweg in Richtung Strand und sackte schließlich ganz in sich zusammen. Da nach war das glitzernde Wasser spiegelglatt.

Als ich zum Strand blickte erkannte ich Sam, der mir fröhlich zu winkte. Ich machte mich auf, an den Strand zu paddeln. „Hey Sam!", begrüßte ich ihn. „Hey....Cémie, richtig?", fragte er und ich nickte zustimmend. "So früh schon auf und dann auch noch im Wasser!"

„Na ja, ich bin früh aufgewacht und wusste nicht, was ich sonst tun sollte."

„Wenn du willst, kannst du mir mit dem Frühstück helfen!"

„Klar!"

„Na, dann komm mal mit!"

Nach dem ich mein Board wieder in dem Schuppen verstaut, mich abgetrocknet und mir ein T-Shirt übergezogen hatte, folgte ich Sam zu der großen Hütte. Neben der großen Glastür war ein großer Ecktisch angebracht. An der Wand gab es eine angebaute Bank mit mehreren Sitzkissen. Auf der anderen Seite des Tisches standen ein paar Stühle aus demselben dunkelbraunen Holz wie der Tisch und die eingebaute Bank. Rechts des Esszimmers gab es eine Bar mit mehreren Theken. Links davon war die Tür, die zur Küche führte. Der Boden war mit hellen Fliesen bedeckt. An der Decke aus waagrechten Holzbrettern hingen mehrere viereckige Lampen, die allerdings nicht an waren. Die großen Panoramafenster, die zum Strand hin ausgerichtet waren, erhellten jede dunkle Ecke des Raumes.

Ich half Sam dabei mehrere Platten mit Aufschnitt und Obst zu belegen sowie was es sonst noch zum Frühstück gab. Sam brachte einige Körbe mit verschiedenen Arten von Brötchen auf den Tisch und ich deckte ihn mit Tellern, Messern, Tassen und Krügen mit Getränken wie Saft, Wasser, oder Kakao.

Als wir fertig waren, kamen schon die ersten herein, immerhin war es bereits zehn vor acht. Till und Justin quetschten sich zusammen auf die Bank und schütteten sich Getränke ein. Dabei machten sie so sehr Quatsch, dass die Hälfte auf dem Tisch und auf dem Boden floss. Auch Rica und ihre drei Freundinnen kamen herein. Rica machte große Augen als sie mich sah.

„Cémie, wo warst du denn den ganzen Morgen? Wir haben dich überall gesucht!"

„Ich war hier und habe Sam geholfen!"

Bell und Emma machten einen beleidigt eifersüchtigen Blick und schmollten mit den Lippen, wie kleine Kinder. Rica wackelte nur verführerisch mit den Augenbrauen und fragte: "Und, wie war es denn, ihr zwei ganz alleine?"

„Ach, wir haben nur den Tisch gedeckt!"

„Mhm, ja klar! Und wie kam es dazu, dass ihr ganz harmlos den Tisch zusammen gedeckt habt?"

„Er kam mir zufällig über den Weg!"

„Und dann hast du ihn ganz verrückt danach gefragt, ob du ihm nicht helfen kannst?!"

„Nein, er hat mich gefragt!"

„Was, echt! Warum erzählst du mir das nicht?! Und du sagst, da ist nichts gelaufen!"

„Er hat mich doch nur gefragt, was ist denn schon dabei?"

In diesem Moment kam Andy gefolgt von seiner Gang zur Tür herein, doch Rica plapperte weiter: „Man, Cémie, hast du den gar keine Ahnung?! Der ist total verknallt in dich, er versucht es nur langsam anzugehen, glaub mir, er...

„Doch", ich unterbrach sie, denn Andy war aufmerksam geworden: „Rica, sei still!"

„Aha, dann stimmt es also!"

„Rica, bitte!"

„Wow, ok..."

Damit war Rica dann zum Glück still. Stattdessen griff sie nach einem Brötchen.

„Wie wäre es, wenn ich dich mit Sam verkupple", fragte ich sie flüsternd und ignorierte dabei Andys Blick.

„Nein, nein, nicht dass du noch eifersüchtig wirst!" schmatzte Rica mit halbvollem Mund.

„Ich bin nicht in Sam verknallt, dass das klar ist!", stellte ich fest.

Rica schien darauf keine Antwort zu wissen. Andy lächelte mich an und ich musste gleich wieder verlegen wegschauen.

Nach dem Frühstück zogen sich alle zum Surfunterricht ihre Badesachen an. Außer ich, ich hatte sie ja schon an. „Dann warst du heute also schon im Wasser", fragte Rica mich im Zelt. Lästig zog sie sich das Top aus. Ich nickte nur und setzte mich auf mein Bett. Mein Blick schweifte über Vitarys Bett.

„Wo ist die eigentlich?"

„Kannst du dir das nicht denken? Mal wieder irgendwelche super wichtigen Geheimnisse mit ihrer super tollen Gang besprechen, die keiner wissen darf!"

„Na ja, dann währen es ja auch keine Geheimnisse!"

„Ach, die wollen sich doch nur wichtigmachen!"

„Glaube ich nicht! Warum sind sie dann so zu jedem?"

„Weil sie wollen, dass du denkst, die wären die coolsten!"

„Damit erreichen sie aber eher das Gegenteil!"

„Eben, aber das wissen die doch nicht!"

„Ach, Quatsch!"

„Cémie, du bist noch nicht einmal einen Tag hier. Da hätte ich auch noch mit Vitary Friedenspfeife geraucht. Aber du kennst sie nicht!"

„Nur, weil ihr Dauerkrieg führt, heißt das nicht, dass ich das auch muss!"

„Ganz, wie du meinst! Können wir?"

Rica, die nun fertig umgezogen war, ging schon mal nach draußen und ich folgte ihr. Es war kurz vor neun. Ricas Brüder standen bereits vor dem Schuppen. Till lehnte sich an dessen Wand an und unterhielt sich mit Justin.

„Hey, Justin! Meinst du, die Mädels können uns schlagen?"

„Niemals!"

„Das würde ich mal nicht so laut sagen!", mahnte Rica, "ich kann besser surfen, als ihr zwei zusammen. „Rica, hebe dir deine Träume für die Nacht auf", stichelte Till.

Rica schüttelte lachend den Kopf. Dann nahmen Till und Justin sich ein Board heraus und rannten schon einmal vor ins Wasser. „Sollen wir auch schon mal vor gehen?", fragte Rica mich. „Ne, lass mal! Sam kommt bestimmt gleich", antwortete ich.

Jack und Bill, die beiden blonden Jungs, kamen auch schon an, dahinter

Bell, Emma und Lilly. Die Jungs verschwanden mit zwei Boards in den Wellen. Rica rannte natürlich sofort zu den Mädchen. „Hey, Mädels, da seid ihr ja endlich! Gleich geht's los", begrüßte Rica. „Ja, endlich mal wieder hawaiische Wellen reiten", verkündete Emma begeistert und nahm sich ein Board, genau wie Bell und Lilly. „Auf was warten wir?", rief Lilly und rannte mit Bell und Emma los. Rica reichte mir ein Board. „Und was ist, wenn die alle besser sind, als ich?", zögerte ich. „Ach, dummes Gelaber! Und wenn schon, na und? Hab einfach Spaß, darum geht's!", munterte Rica auf. Na gut, dachte ich und nahm das Board unter den Arm. „So, Mädels, bereit?", hörten wir Sams bekannte, sympathische Stimme hinter uns. Rica und ich liefen schnell vor. „Könnt ihr euch überhaupt konzentrieren, wenn der dabei ist?", flüsterte ich in Richtung Ricas Ohr und wir beide begannen zu kichern. Das Meer war in Strandnähe schon wärmer geworden und spülte uns die Schenkel nass. Wir ließen uns auf unsere Boards fallen und begannen zu paddeln, während die Jungs vor uns schon die Wellen rockten.

„Hey, Leute, kommt mal alle her", rief Sam die Bande zusammen, „Also, ich werde mir jetzt erst mal ansehen, was ihr so könnt. Aber bitte, nur zwei bis drei Leute pro Welle höchstens. Ich will nicht schon am ersten Tag verletzte haben! Und ab geht's!"

„Hey, nimm dir nicht gleich die erste Welle, die du siehst. Die wollen nämlich alle und dann wird es super voll!", gab mir Rica den Tipp. Und tatsächlich: Als die erste Welle in Sicht war, paddelten alle wie auf Kommando drauf los. Rica und ich nicht. Kurz vor der Welle holten wir tief Luft, klammerten uns am Board fest und tauchten unter der Welle hinweg. Und da kam auch schon die nächste, schön „leer". Wie heute Morgen stand ich erst auf, als die Welle mir eine gewisse Geschwindigkeit gegeben hatte. Ich kurvte erst am Bottom, dem untersten Teile der Welle, entlang. Immer mal wieder hoch zum Lip und wieder herunter. „Ist das alles?", fragte Rica, die schon ganz in ihrem Element war. „Nein", versicherte ich, „ich wärme mich nur auf, bin schon ganz aus der Übung!" Rica lächelte und surfte weiter. Als wir aus der Welle heraus waren und wieder, auf die nächste Welle wartend, auf unseren Boards hockten, meinte sie: „Du hättest wenigstens einen Floater machen können!"

Nach unserer ersten Surfstunde gingen wir alle zum Mittagessen. Peter und Helena hatten als Nachtisch ein leckeres Schokoladenfondue gemacht, von dem wir alle nicht genug kriegen konnten. Danach hatten wir erst einmal frei. Die Jungs wollten sich den ganzen Nachmittag damit beschäftigen die Strandparty vorzubereiten, die wir alle am Abend machen wollten. Bis dahin wollte Rica mir mal ein paar Namen für die Tricks auf der Welle beibringen. Aber davor wollte sie mir noch unbedingt etwas zeigen. „Wo gehen wir denn hin?", fragte ich sie beim nach draußen Gehen. „Psst, sonst ist es doch keine Überraschung mehr!"

Rica ging mit mir stur gerade aus, an den ganzen Zelten vorbei, hinüber in Richtung öffentlicher Strand. „Dürfen wir hier überhaupt hin? Hier ist das Camp doch so gut wie zu Ende!", protestierte ich. „Ach, jetzt mach dir nicht gleich ins Hemd! Wir sind noch nah genug dran!" Rica führte mich zu den großen Klippen am Rande des Camps. Eine Klippe ragte weit ins Meer hinaus. Davor war ein Hang mit lauter großem und kleinen Geröll.

Rica begann auf die großen Steine zu klettern. „Na, jetzt komm schon!", forderte sie mich auf. Ich gab mir einen Ruck und kletterte ihr hinterher. Als wir oben waren, standen wir auf der großen Klippe, von der man über den ganzen Ozean gucken konnte. Hinter uns begann der reinste Dschungel, der auch links hinter der Klippe weiterging. Rechts von der Klippe hatte man eine fantastische Aussicht auf das Camp. „Na, habe ich zu viel versprochen?" folgte Rica meinem erstaunten Blick. Ich schüttelte wild den Kopf hin und her und lief vor zum Rand der Klippe. Nichts als dunkelblaues, tiefes Meer lag vor uns. Unter der Klippe hörte man die wilde Brandung, wie die starken Wellen gegen das harte Gestein schlugen. Rica und ich setzten uns hin und ließen unsere Beine über den Rand baumeln. „Hier werden einem ja die Füße von der Gischt nass!", kicherte ich. „Natürliche Fußdusche!", antwortete Rica, „ok, was für Tricks kennst du?" „Ein paar sind es schon, nur die Namen kenne ich nicht!

„Wen haben wir denn da? Die Streberinnen, na klar!", unterbrach Vitarys Stimme uns, gefolgt von ihrer Gang. Will und Eilens Miene wurde finster.

„Die schon wieder?", bellte Eilen mich an. „Komisch, dass du immer da bist, wo wir auch sind, so ein Zufall!", blöffte Vitary.

„Genau das könnte ich auch sagen! Wir waren zu erst hier!", wehrte ich mich. „Ja genau, also verzieht euch mal wieder schön!", stimmte Rica mir zu.

„Was, wir sollen jetzt gehen? Das ist unser Lieblingsplatz, das weißt du genau, Rica!", erwiderte Vitary.

„Ach, habt ihr dafür bezahlt oder was! Mann, das ist nicht euer Eigentum! Wir bleiben hier, ob es euch passt oder nicht", Rica drehte ihren Kopf wieder weg von den Vier und kümmerte sich nicht weiter um sie. Eilen ballte die Fäuste zusammen, doch Will hielt ihn zurück. Andy war mal wieder der einzige, der nur neben dran stand und sich nicht traute etwas zu sagen.

„Komm, wir gehen!", sagte Vitary dann, als sie sah, wie Eilen fast explodierte. Sie schob die Gang in die andere Richtung. „Das wird euch noch leid tun!", rief sie als sie sich noch einmal umdrehte und den Hang als letzte hinunter kletterte.

„Hört das eigentlich nie mit der auf?", stöhnte ich.

„Ich glaube die meckert noch herum, wenn sie dicht verpackt unter der Erde liegt!"

„Das wird euch noch Leid tun! Glaubst du, das hat sie ernst gemeint?"

„Oh, große Worte! Nein, natürlich nicht. Die wollte sich einfach nicht geschlagen geben! Und morgen hat die das bestimmt schon wieder vergessen!"

„Das klang aber anders! Und hast du Eilen gesehen? Der wäre am liebsten auf uns los gegangen!"

„Ja, Eilen ist der geborene Rebell! Lass dich bloß nicht von so was beeindrucken, das wollen sie nämlich!"

„Wie soll ich es denn sechs Wochen mit denen aushalten?"

„Du brauchst nichts sagen, ich musste schon 12 Wochen mit denen auskommen, wenn nicht noch mehr!"

„Ja, aber die Hälfte davon warst du doch mit Vitary befreundet!"

„Knapp die Hälfte! Das ganze hatte schon angefangen, als Andy noch nicht da war. Aber als er es dann war, war die totale Revolution!"

„Dann ist Andy an allem Schuld?"

„Nein! Andy ist noch der beste von denen! Und ich habe ja gerade gesagt, dass es schon bevor er das erste Mal ins Camp gekommen ist angefangen hat! Aber trotzdem hat sich mit ihm das meiste verändert!"

„Was ist eigentlich mit Andy? Der sagt nie einen Ton, der ist einfach nur dabei!"

„Keine Ahnung, bei denen ist so viel unklar! Deren Probleme will ich haben!"

„Und mit Vitary Streit zuhaben ist besser?!"

„Was ist eigentlich dein Problem? Bist du jetzt auf der ihrer Seite, oder was?"

„Seite? Gibt es jetzt Seiten?"

„Ja, schon lange! Und das weiß hier jeder! Die einzige, die dass nicht kapiert bist du! Warum Cémie?"

Rica war fluchend aufgestanden, doch jetzt sah sie mich nur noch mit erwartenden Augen an. Ich strich den Dreck von meiner Hose und rappelte mich auf. „Du, die Party fängt gleich an, wir sollten los", lenkte ich ab und ging schon einmal vor. Wie sollte ich Rica erklären, dass ich mich wegen Andy so sträubte. Erst recht nicht, wenn man die Gang hasst, so wie Rica. Die schaute mich zur Hälfte verwirrt, zur anderer Hälfte genervt an.

Bis wir zurück am Camp-Strand waren machte Rica mir einen vor: „Tolles Vertrauen, Cémie, echt super! Und das nennst du Freundschaft? Also ich habe gehört, dass Freundinnen keine Geheimnisse voreinander haben! Oder habe ich da was falsch verstanden? Und jetzt tu nicht so, als hättest du keine Geheimnisse, das weiß ich nämlich ganz genau! Ich habe ja auch keine vor dir, da könntest du mir ruhig mal ein bisschen entgegen kommen und außerdem..."

„Jetzt hör doch mal auf damit! Ich habe keine Geheimnisse, klar? Und Lust auf mehr Streit eben auch nicht! Vitary und du reichen völlig!"

„Jetzt erzähl mir nicht, dass sie dich nicht auch aufregt! Dafür ist es nämlich langsam zu spät, dass eben war eindeutig genug!"

„Ich bin zwar auch nicht so begeistert von ihr, aber man muss ja nicht auf jeder ihre Sticheleien eingehen!"
„Doch, sonst macht sie immer weiter!"
„So macht sie doch nur noch mehr weiter, wenn sie sieht, dass sie dich damit ärgern kann!"

Mittlerweile hatten wir den ganzen Strand abgelaufen und kamen nun der Holzhütte näher. Die Jungs waren schon eifrig dabei, für Licht und Ton zu sorgen. Rica stemmte die Hände in die Hüfte.

„Von wegen die Party fängt gleich an!", stellte Rica fest und schaute mich vorwurfsvoll an. „Ja...also nein...von weitem sah es so aus", entschuldigte ich mich. „Ja ja, lass mal stecken!" Beleidigt schaute Rica wütend den Boden an. Und zu allem Überfluss kamen dann auch noch Lilly, Bell und Emma an, das Trio. „Rica, da bist du!", rief Emma verwundert beim Ankommen. „Wir haben dich schon überall gesucht. Hi, Cémie!" „Ich habe Cémie nur kurz die Klippe gezeigt, sonst nichts!", gab Rica zu.

„Cool, aber jetzt müssen wir dir unbedingt was zeigen!"

„Na, dann los geht es!", sagte Rica begeistert und wollte schon mit Emma vor laufen, doch die drehte sich zu mir um: „Kommst du nicht mit?"

„Nein, die hat noch was Wichtiges zu tun! Stimmt es Cémie!", antwortete Rica für mich und sah mich mit einem dieser widerstand-nicht-akzeptieren Blicke an. Dann drehte sie sich wieder um und lief mit Emma und den Anderen weg.

Wütend wollte ich zu meinem Zelt gehen, als Till, der gerade damit beschäftigt war, einen Scheinwerfer in Gang zu bringen, mich zurück hielt: „Hey, Cémie, willst du uns helfen?" Lächelnd willigte ich ein und fragte, was ich denn helfen könne. Till wies auf einen weiteren Scheinwerfer hin: „Verlege mal das Kabel von dem da, nach da hinten, zu den Steckdosen." „Ok!", rief ich und wollte mich an die Arbeit machen. Doch auf dem Weg da hin, stolperte ich über ein Kabel, das so stramm gezogen war, dass ich mit dem gesamten Oberkörper in den Sand fiel. Alle Jungs lachten sofort los. Till kam zu mir gerannt, auch er lachte. Aber er reichte mir nett die Hand und meinte: „Nur, weil du das einzige Mädchen bist, dass hier mithilft, brauchst du doch nicht gleich den Kopf in den Sand stecken!" Wieder lachten alle. Jetzt musste sogar ich lachen.

Ich rappelte mich auf und strich mir den Sand von der Haut. Dann lief ich in Richtung Meer, dort wo die angespülten Wellen endeten, holte mir eine große Hand voll nassem Sand und bewarf Till damit. „Ich an deiner Stelle würde aufpassen, wem du ein Kabel in den Weg legst!", warnte ich ihn lachend und nahm schon die zweite Hand mit Sand. Damit hatte ich wohl eine offizielle Sandschlacht angekündigt. Till rannte nun auch zum Meer und begann mich mit nassem Sand zu bewerfen. Und Justin machte dann auch noch mit. „Zwei gegen einen, und dann auch noch gegen ein Mädchen, ihr solltet euch was schämen!", protestierte ich zwischen den wilden Würfen.

Die beiden, blonden Jungs, Jack und Bill wurden auch aufmerksam und kamen lachend ebenfalls mit Händen voller Sand angerannt. Die fingen auch gleich an mich schön damit zu beschmeißen. Als ich von oben bis unten voller Sand war und die Jungs so aussahen, als würden sie immer noch nicht aufhören, rettete ich mich ins Meer und spritzte die Jungs erst einmal ordentlich nass. Die kamen auch schon hinterher gerannt und Till tunkte mich gleich unter Wasser. Als ich auftauchte, rief Justin: „Komm, Cémie, dem zeigen wir es!" Sofort gingen Justin und ich auf Till los und versuchten ihn unter zu tunken, doch Till hatte unendlich viel Kraft. Doch schließlich schafften wir es und ich klatschte triumphierend in Justins flache Hand. Jack und Bill jubelt laut.

„Hey, Streberin!", hörte ich eine bekannte Stimme vom Strand rufen. Sofort wurde mein Gesicht ernst. Vitary und die Gang kamen zu uns an den Strand gelaufen. „Na, hat die tolle Rica dich etwa sitzen lassen? Och, das ist echt zu traurig! Und jetzt hängst du mit den Idioten herum? Man, du rutscht auch immer tiefer!"

„Hey, Vitary, lass sie doch in Ruhe. Sie kann doch nichts dafür, dass du zu unbeliebt bist um mit den wahrhaft Coolen abzuhängen! Du bist echt so armselig!", verteidigte Till mich.

„Oh, ist das niedlich. Versteckst du dich jetzt hinter kleinen Nobodies, was, Cémie?" Wer hatte schon erwartet, dass Vitary aufgab.

Till schnaubte ärgerlich, doch ich hielt ihn zurück. „Schon gut, Till!", flüsterte ich ihm zu. „Was, willst du, Vitary? Denkst du eigentlich, du bist die Beste hier?"

Vitary sah sich um und betrachtete dann grinsend das offene Meer. „Weißt du Cémie, das lässt sich ganz leicht klären! Wer die bessere Welle reitet! Na, machst du mit, du Versagerin? Außerdem bist du mir noch was schuldig, wegen gestern!"

Zögernd schaute ich aufs Meer hinaus. Der Wind war über den Tag ganz schön stark geworden, wodurch die Wellen gefühlt ein paar Meter angehoben wurden. „Cémie, mach es nicht!", meinte Till. „Ja, Mann. Das ist doch nur dummes Gerede!", ergänzte Justin. „Eben" „genau", stimmten Jack und Bill zu.

Doch ich wollte kein Feigling sein. Wenn ich besser wäre als sie, würde sie vielleicht ihre Arroganz mir gegenüber vergessen, wenn sie wüsste, was ich drauf hatte. „Einverstanden!", entschied ich mich laut. „Was?!", riefen Till und Justin gleichzeitig, doch ich ließ mich nicht mehr abhalten. Ich ging aus dem Wasser, während Vitary schon zwei Boards geholt hatte und mir eins entgegen warf, das direkt vor meinen Füßen landete.

Zusammen stellten wir uns vor das Meer und als Will das Signal gab, schmissen wir unsere Boards ins Wasser und paddelten los. In der Inside, dort, wo sich die Wellen brachen, warten wir, bis geeignete kamen. Als wir die erste Gute am Horizont sahen ging es los. Schon das Paddeln raubte mir fast alle Kräfte, da Vitary viel schneller paddeln konnte als ich. Aber ich versuchte dran zu bleiben. Vom Strand aus feuerten sie uns an, doch ich hörte nicht darauf. Ich versuchte nur möglichst schnell auf die Welle zu kommen. Doch Vitary stand schon früher auf dem Board und surfte mich schon in Grund und Boden. Rauf und herunter ging es, ein Sprung nach dem anderen, da konnte ich nicht mithalten. Als ich viel später es erst schaffte auf mein Board zu kommen, brach die Welle schon und ich musste schnell machen, wieder aus der Brandung herauszukommen. Vitary wartete schon auf die nächste Welle und rief: „Ich habe es dir doch gesagt, du hast keine Chance! Aber kannst gerne eine Revanche haben!"

Während Vitary mich noch herausfordernd ansah, entdeckte ich die nächste Welle. „Aber klar!", antwortete ich und paddelte eilig los, vor Vitary. Dieses Mal gelang mir sogar ein kleiner Vorsprung, allerdings nur, bis wir uns bereit zum Aufstehen machten. Vitary surfte voraus, doch dieses Mal würde ich ihr nicht einfach die Welle überlassen. Ich surfte Richtung Bottom der Welle und holte dort Geschwindigkeit auf. Während Vitary rasante Kurven auf dem Lip machte, holte ich sie im Wellental ein. Dann wurde ich schneller als sie, fuhr vor ihr am Lip und machte einen Snap. Vitary fuhr wieder zum Wellental, um aufholen zu können. Als sie schneller als ich wurde, versuchte auch ich schneller zu werden. Das Wasser unter mir schrapte wilder, mein Board vibrierte, der Fahrtwind biss kälter und die Gischt spritzte mir stärker ins Gesicht.

Hektisch schauten Vitary und ich uns an. Ich konnte genauso wenig zulassen, dass der Gegner die Welle vorher verließ, wie Vitary. Sie legte sogar noch einen Zahn zu, doch ich konnte nicht. Noch schneller und ich würde das Gleichgewicht verlieren. Jetzt, nachdem sie knapp einen halben Meter vor mir war, verwandelte sich ihr hektischer Blick in ein fieses Grinsen um, als hätte sie schon gewonnen.

Auf einmal hörte ich kreischende, panische Stimmen vom Strand her, die Vitarys Namen riefen. Ihre Freunde deuteten auf etwas im Wasser. Jetzt sah ich es auch. Vor Vitary ragten zwei riesige flache Felsen knapp aus dem Wasser. „Pass auf, Vitary!", schrie ich, doch es war zu spät. Vitary hatte zu spät hingesehen, als dass sie noch hätte ausweichen können. Ihr Board fuhr über den ersten holperigen Felsen und dessen Spitze blieb in einem Spalt stecken. Durch den vielen Schwung ging das Board nach oben und schleuderte Vitary unsanft vor sich auf den anderen harten Stein.

„Vitary!", kreischte ich noch einmal und legte mich auf mein Board, Sofort begann ich zu ihr zu paddeln. Auch die Jungs und die Gang am Strand holten sich ihre Boards und kamen eilig an. Ich schüttelte an Vitarys Arm, doch die rührte sich nicht. „Vitary!", schrie Will, der gerade auf dem Felsen geklettert kam. Er beugte sich über sie und kontrollierte ihren Atem. Erleichtert atmete er auf und schüttelte sie ebenfalls. „Vitary, hörst du mich?", rief er mehrmals.

Da schlug Vitary mit den Augenlidern und rieb sich am Kopf. „Autsch!", flüsterte sie mit verzehrtem Gesicht. Will untersuchte vorsichtig ihren Hinterkopf. „Zum Glück ist nichts zu sehen, aber eine Beule wird das schon geben. Vielleicht auch eine kleine Gehirnerschütterung!" „Bist du jetzt Chefarzt in Kopfverletzungen geworden?", murmelte Vitary lächelnd. Will lachte kurz auf. „Wir bringen dich wohl besser an den Strand, Andy, hilf mir mal, sie auf das Board zu tragen!", befahl er. Eilen, der ihr Board bereits geholt hatte, hielt es fest, während Andy und Will Vitary vorsichtig darauf legten. Dann schoben sie das Board Richtung Strand.

„Das...das tut mir leid...das wollte ich nicht", stotterte ich.

„Man, wegen dir hätte Vitary Tod sein können, wenn sie anders aufgekommen wäre! Du hattest echt verdammt Glück, kleines Miststück!", brüllte Eilen mich an und es war ihm anzusehen, dass es ihm schwer viel jetzt noch einigermaßen unter Kontrolle zu bleiben. Wütend nahm er sein Board und machte sich ebenfalls auf zum Strand. Dann sah ich in Tills Gesicht, der mich auch nicht freundlich anschaute. Er und der Rest der Jungs gingen mit ihren Boards an Land und ließen mich auf diesem Felsen hockend zurück.

Eng zog ich meine Knie an mein Kinn. Die Gang hatte mich sowieso schon total gehasst, aber jetzt war ich ganz unten durch. Vor allem bei Vitary. Und wie es aussah, war Till auch nicht gerade begeistert gewesen.

Ich dachte gar nicht daran, an den Strand zurück zu kommen. Am liebsten wäre ich ewig dort geblieben. Ich legte mich auf den Stein, so lange, bis man die Sterne sehen konnte. Das Wasser hatte nun genau dieselbe Farbe, wie das Weltall: Schwarz.

Über das Wasser spiegelte sich das Licht der Strandparty herüber. Die Jungs hatten es also trotzdem noch geschafft. Alle tanzten wild zwischen den Scheinwerfern und Lampen. Sogar eine Lichterkette hatten sie zwischen zwei Pfähle gebunden. Alle schienen mächtig Spaß zu haben. Das Lagerfeuer war auch an. Dort saßen auch ein paar Leute. Bei genauerem hinsehen erkannte ich Vitarys rote Locken. Sie lachte schon wieder. Der Unfall konnte also doch nicht so schlimm gewesen sein, aber das änderte nichts. Sie hasste mich, das wusste ich ganz genau. Trotz allem paddelte ich zurück, aber zu den Klippen hin, wo ich nicht gesehen werden würde.

Leise ließ ich mein Board im Sand liegen und kletterte wieder auf die eine große Klippe. Ich setzte mich wieder ganz an den Rand und ließ die Beine herunter baumeln, so wie ich es auch mit Rica getan hatte. Die würde vermutlich auch kein Wort mehr mit mir reden, weil ich ja „so viele" Geheimnisse vor ihr hatte. Aber ich konnte ihr das mit Andy einfach nicht sagen, den ich übrigens jetzt auch glatt vergessen hatte! Genauso wie Till und Justin! Aber das war vermutlich noch nicht alles. Von jetzt an würde die Gang mich noch mehr ärgern, wenn Peter mich nicht sogar raus werfen würde! Vielleicht würde ich sogar freiwillig gehen! Rica hatte Recht gehabt! Nichts war schlimmer als mit Vitary Streit zu haben! Die konnte einem echt das ganz Camp verderben, aber ich dachte im Moment nicht daran. Eigentlich wollte ich auch gar nicht mehr über den Unfall nachdenken. Ich wollte einfach alleine auf der Klippe sitzen, in die Sterne sehen und alles vergessen.

Doch das dauerte nicht lange, denn ich hörte jemand hochklettern. Erst erkannte ich nur einen dunklen Schatten, doch als er in das weiße Mondlicht kam, erkannte ich ihn. „Till?", fragte ich etwas verwundert. Ohne ein Wort setzte er sich neben mich. Er saß dort eine ganze Weile, still und leise. Ich wusste nicht warum er das tat, doch dann fragte er:

„Warum kommst du nicht zur Party? Das rockt da unten ganz schön!"

„Na ja...ich...denke, dass ich da nicht sonderlich willkommen bin..."

„Ach, wegen dem Unfall eben, oder was?"

„Es denken doch alle, dass es meine Schuld wäre!"

„Lass sie doch denken! Vitary geht es doch eh schon viel besser."

„Sie hat mich doch eh schon von Anfang an gehasst! Und jetzt..."

„Ach, die steht ja noch nicht einmal auf, wenn Will sie zum Tanzen bittet. Die hat gerade ganz andere Sorgen!"

„Wie ihren Kopf?"

Langsam kamen mir wieder die Tränen, die ich mit aller Mühe versuchte zu unterdrücken. Till hatte das wohl trotzdem gemerkt, denn er legte seinen Arm um mich.

„Hey, Cémie! Das ist nicht das erste Mal, dass Vitary jemanden herausfordert. Und es ist auch nicht das erste Mal, dass ein Unfall hier war. Das wissen alle! Das einzige, was neu ist, dass Vitary geschlagen wurde! Ich mein, sie ist ein echter Profi! Also komm!"

Till schaute mir aufmunternd zu und reichte mir die Hand. Ich nahm sie und er zog mich auf meine Beine. Als Till und ich unten waren, lief er schon einmal vor über den Strand. Ich blieb zögernd stehen. Sollte ich jetzt einfach dort so hereinplatzen? Da entdeckte ich mein Surfboard und beschloss es erst einmal zurück zu bringen. Die anderen sahen mich zwar, aber sie warfen mir wenigstens keine finsteren Blicke zu. Das war ja eher Will und Eilens Spezialität. Im Schatten der Scheinwerfer überlegte ich, was ich machen sollte. Ich konnte ja schlecht hinein und einfach mittanzen, so, als wäre nichts gewesen! Ich schüttelte den Kopf und wollte erst einmal aufs Klo gehen. Leise schlich ich mich an dem wilden Getanze vorbei und verschwand im Klo.

„Echt blöd gelaufen, das mit dem Unfall!", hörte ich Ricas Stimme hinter mir. Erschrocken drehte ich mich um. „Ich...geh dann wohl besser!", drückte ich mich und wollte schon die Tür wieder öffnen. „Nein, nein, bleib doch und leiste mir Gesellschaft!", verlangte Rica von mir. Überrascht drehte ich mich um. „Hör mal, wir hatten da in letzter Zeit viel Stress und so, das tut mir leid, ja?", fuhr Rica fort, „aber das mit

Vitary heute war echt klasse! Du hast das der so gut gegeben, die hat das ruhig mal verdient, hin zufliegen! Ich hätte mich das nie getraut!"

Ich runzelte die Stirn. Offenbar hatte Rica unseren Streit schon wieder vergessen, auch ich wollte nicht mehr damit einfangen.

„Da bist du aber die einzige, die das gut findet! Die anderen und vor allem Vitary würde mich wohl am liebsten einen Kopf kürzer machen!"
„Ach, was, glaube ich nicht! Die anderen sehen das bestimmt genau so!"
„Ich weiß nicht...dein Bruder hat mich nicht gerade freundlich angeschaut!"
„Wetten, Till!"
„Woher weißt du denn das?"
„Weil Till typisch dafür ist, dass er immer der Erwachsene spielt. Dabei sind er und Justin die größten Chaoten, die ich kenne!"

Rica schmunzelte, doch sie sah, dass ich ihr nicht recht glaubte.

„He, Cémie! Jetzt mach dir mal keinen Stress, ja? Du wirst da jetzt nicht aus dem Klo kommen und alle werden dich wie ein böses Monster anschauen, glaub mir!"

„Ach ja? So wie, als Vitary gesagt hat, dass das es uns mit der Klippe noch leidtun wird? Du meintest, die würde das morgen längst wieder vergessen haben?!"

„Na gut, da habe ich mich wohl geirrt...aber wegen den anderen brauchst du dir wirklich keine Sorgen machen! Weißt du was, komm doch einfach mit nach draußen, feiere einfach ein bisschen!"

„Ich soll jetzt feiern?"

„Ja! Das lenkt dich ab! Was passiert ist, ist passiert! Da kannst du nichts mehr dran ändern! Warum also sich vor den anderen verstecken?"

Ich mochte den Vorschlag zwar nicht, aber ich hatte keine Argumente mehr, die Rica abschütteln konnten. Ich folgte ihr also nach draußen. Die Party schien an ihrem Höhepunkt zu sein, denn alle tanzten wild auf der Tanzfläche. Eigentlich wollte ich kneifen, doch Rica zog mich einfach hinter sich her, zu ihrem Trio.

„Hey, ehm, guck mal, wen ich ganz alleine auf der Toilette gefunden habe!", begrüßte sie Emma. „Hey, Cémie! Da hast du also gesteckt!", jaulte Emma, die durch die laute Musik nur schlecht zu hören war. Auch Lilly und Bell lächelten mich freundlich an, als ob sie keine Ahnung von heute Nachmittag hatten. Ich war froh drum. Sogar Till und Justin, die, nachdem sie uns entdeckt hatten, zu uns kamen, waren nett. „Hey, Cémie. Du hast echt eine gute Wurfhand! Habe ich den Chancen auf eine Revanche?", fragte Till mich. „Na klar!", antwortete ich und war froh, dass mich bisher keiner auf den Unfall angesprochen hatte. Anscheinend war die Nummer doch gar nicht so riesig, wie ich gedacht hatte. Das brachte mich an diesem Abend sogar noch in richtige Feierstimmung. Rica und ich waren die Mädchen, die am meisten tanzten.

Doch auf einmal sprang Will vom Lagerfeuer auf und baute sich vor mir auf: „Du fühlst dich cool, ja? So richtig cool! An deiner Stelle würde ich mich hier nicht mehr blicken lassen!" „Ey, Will, lass sie doch einfach in Ruhe!", hielt Rica ihn zurück. „Ja, genau! Sie kann doch nichts dafür, wenn Vitary nicht aufpasst!", beschützte Emma mich. „Ja, die ist es doch selber Schuld, wenn sie Cémie aufzieht!", stimmte Bell zu.

Will fing nur laut an zu lachen und zeigte auf Rica, Bell und Emma. „Dein Fanclub?", fragte er dann noch blöd. Da kamen auch Till und Justin zu uns. „Will, lass sie! Das mit Vitary ist zwar blöd gelaufen, aber sie ist wirklich nicht unschuldig dran!", meinte Justin. Will wurde nur noch wütender. „Blöd gelaufen? Ey man, das hat die doch voll mit Absicht gemacht, das sieht doch jeder!"

Endlich traute ich mich auch einmal etwas zu sagen: „Mit Absicht? Als ob es meine Schuld wäre, dass da auf einmal so ein Stein im Wasser auftaucht, den ich übrigens auch erst zu spät gesehen habe! Also, hast du sonst noch ein Problem?"

Will guckte mich nur böse an. Kurz bevor er den Abgang machen wollte, drehte er sich um und sagte zu mir: „Wenn du so etwas noch einmal bringst, dann bist du fällig!" Dann ging er zurück zu seiner Gang, die immer noch am Lagerfeuer saß und bisher keinen Schritt auf die Tanzfläche gewagt hatte.

Will fing sofort wieder ein wildes Gespräch im Flüsterton an. Nachdenklich schaute ich ihnen nach. „Das Will so ausflippen kann!", sagte Emma. „Ja, normalerweise ist das doch Eilens Job"; machte sich Rica mit den anderen lustig. Doch ich lachte nicht. „Cémie, vergiss die doch!", forderte Rica mich auf. Ich zuckte nur niedergeschlagen mit den Achseln. Ich hoffte nur, dass Will und die anderen sich wieder beruhigen würden.

„Hey, Cémie! Warum machst du dir noch Sorgen? In ein paar Tagen haben die das längst vergessen und außerdem siehst du die doch kaum! Höchstens beim Essen!", meinte Bell. „Ja ja, schon ok. Sollten wir uns nicht langsam fertig machen. Morgen beginnt das richtige Training!", versuchte ich abzulenken. „Ja, stimmt. Für das Training hier muss man echt ausgeschlafen sein!", stimmte Rica zu. „Wieso? Da surft man doch nur, oder?", fragte ich mit gerunzelter Stirn. Rica lachte auf. „Denkst du!"

Als wir Zähne geputzt hatten und uns umgezogen hatten, krochen wir in unsere Zelte. Vitary war wie üblich noch nicht da. „Machen sie überhaupt beim Wettkampf mit, wenn sie nicht zum Training kommen?", fragte ich Rica. „Ja klar, zumindest war es letztes und vorletztes Jahr auch so!", antwortete sie, „außerdem trainieren sie sicher, nur eben nicht mit uns!" Dann drehte sie Rica zu Zeltwand um und zog sich die Decke bis zum Hals und bewegte sich nicht mehr.

Bald darauf war auch ihr regelmäßiges Atmen zu hören. Ich blieb noch eine Weile wach und starrte die Zeltdecke an. Doch da hörte ich Schritte durch den Sand zu unserem Zelt laufen. Vitary, ging es mir durch den Kopf. Oh nein, was jetzt. Schnell drehte ich mich zur Zeltwand um und zog die Decke über mich. Ich konnte Vitary nicht ansehen. Mein Bauch zog zusammen, als der quietschende Reißverschluss der halbmondförmigen Zeltwand aufging. Ich versuchte ruhig zu atmen, damit Vitary dachte, ich würde bereits schlafen, obwohl es mir nicht wirklich gelang. Ich hatte das Gefühl, egal wie tief ich einatmete, die Luft würde irgendwo in der Röhre stecken bleiben und meine Lungen nicht erreichen. Wahrscheinlich blieb sie an dem dicken Klos stecken, der sich nun in meine Kehle ausbreitete. Vitary musste doch merken, dass ich noch hellwach war, so unruhig, wie ich war. Doch sie kümmerte sich nicht um mich, sondern kroch nur noch unter ihr Bett und gab keinen Mucks. Bald darauf atmete sie tief und gleichmäßig, woraus ich schloss, dass sie eingeschlafen war.

Ich konnte nicht schlafen, dafür war ich viel zu wach. In meinem Kopf herrschte eine einziges Chaos von blitzschnellen Gedanken. Wie es jetzt wohl mit Vitary weitergehen würde, was sie von mir dachte? Ob sie vor hätte, irgendetwas zu unternehmen, oder nicht? Doch auf all diese Fragen fand ich keine Antwort. Bei dem Gedanken an morgen wurde mir schlecht und ich beschloss nach draußen zu gehen, um frische Luft zu schnappen.

So leise, wie es möglich war, zog ich ganz zaghaft den Reißverschluss auf. Ich wollte auf keinen Fall, dass Vitary wach wurde, obwohl ich mir eigentlich keine Sorgen machen musste, so tief und fest, wie sie schlief. Leise tappte ich in die Dunkelheit ins kühle Draußen. Der Mond hüllte den feinen Sand, der unter meinen Schritten zur Seite quoll, in ein kaltes weiß. Das Meer war ganz schwarz. Man konnte den gebogenen Horizont sehen und einzelne Wellen, die ans Ufer gespült kamen, in das Licht des Mondes traten und kurz aufglitzerten. Ich setzte mich nah ans Ufer in den Sand und starrte verträumt den Himmel an, der fast ganz wolkenlos war und die unzähligen Sterne zum Vorschein brachte. Die Sterne sahen hier ganz anders aus, als zuhause, bemerkte ich, aber der Mond war gleich geblieben. Er zog lange Schatten der Zelte in den Sand und den einiger Palmen. Die Wellen brachen und es kam mir so vor, als ob sie mir jedem Rauschen mir etwas zuflüstern würden.

Völlig in Gedanken versunken, merkte ich gar nicht, dass jemand zu mir gekommen war. Erst als er sich neben mich setzte, bemerkte ich es. Und ich konnte meinen Augen nicht trauen, als ich ihn erkannte, Andy! War das ein Traum? War ich eingeschlafen, ohne es zu merken? Ich kniff die Augen zusammen und machte sie wieder auf, doch das Bild vor meinen Augen veränderte sich nicht. Also kein Traum. Doch was machte er noch so spät hier? Und vor Allem hier, bei mir? Er hatte sich doch nie getraut mich anzusprechen! Doch zu meiner großen Enttäuschung änderte sich daran auch nicht viel, Andy saß nur schweigend neben mir und beobachtete das Meer, während ich ihn noch ungläubig anglotzte!

Er saß noch eine ganze Weile so da und regte sich nicht, während ich mir überlegte, was ich sagen sollte oder ob ich ihn überhaupt ansprechen sollte. Mit der Zeit wurde ich ziemlich nervös. „Kannst du auch nicht schlafen?", fragte er dann endlich. Er sprach leise, zu leise, es war fast wie ein flüstern, als ob es ihm gar nicht wichtig gewesen wäre, ob ich es gehört hätte oder nicht. Er wusste die Antwort offenbar schon. Ich antwortete trotzdem: „Ne, das scheint heute einfach nicht zu klappen!"

„Hat sie denn noch etwas gesagt?", ich wusste sofort von wem er sprach, antwortete aber zaghaft: „Nein..."

Wieder saß er nur still da und antwortete nicht mehr. Langsam fragte ich mich wirklich, was er von mir wollte, vor allem jetzt, mitten in der Nacht. Er saß nur da und starrte hinaus aufs Meer während ich ihn angespannt anstarrte. Das musste er doch merken! Da wendete er den Blick ab vom Meer und schaute in Richtung der Zelte. Schließlich stand er auf, wischte sich den Sand von seinen Sachen und murmelte: „Wir sollten wieder reingehen, bevor sie uns noch erwischen..."

Irgendwie sagte er das komisch. „Laufen hier denn oft...irgendwelche Nachtwächter herum?", fragte ich ihn zögernd. Andy, der sich schon fast aufgemacht hatte zu gehen, oder eher zu flüchten, wie es mir den Anschein hatte, drehte sich nicht um, als er noch leiser, als vorher, flüsterte: „Das habe ich eigentlich nicht damit gemeint." Es schien mir, als ob ich nicht weiter fragen sollte, auch wenn mir viel zu viele durch den Kopf schwirrten. Wenn er nicht von der Ausgangssperre geredet hatte, warum hatte er es dann so eilig, zu seinem Zelt zu kommen?

Etwas enttäuscht machte ich mich zu meinem Zelt, da blieb mein Herz fast stehen, als ich Vitary am Zelteingang sah. Ihre Haare waren in einander verknotet und ganz zerzaust, aber sie schien kein bisschen müde zu sein. Ihre Augen waren hellwach und blitzen vor Wut wie ein helles

Licht durch die dunkle Nacht. Erschrocken blieb ich stehen.

Was hatte sie jetzt schon wieder. Wenn es um den Unfall gehen würde, hätte sie mich schon vorhin angesprochen und nicht jetzt, mitten in der Nacht! Also ging ich auf sie zu. Wenn sie ein Problem mit mir hatte, sollte sie mir das ins Gesicht sagen!

„Vitary?", begann ich und hoffte verzweifelt, dass sie aus ihrem finsteren Blick einen neugierigen, freundlichen oder zumindest neutralen machen würde. „Hör mal, tut mir echt Leid wegen vorhin. Ich wollte einfach kein Feigling sein. Und dass wir dann in das Riff gekommen sind, war wirklich nicht in meiner Absicht, ehrlich, dass musst du mir..." „Darum geht es doch überhaupt nicht!", unterbrach sie mich, jetzt noch wütender...

„Und um was dann?", fragte ich.

Vitary blies ärgerlich die Luft aus und kam dann einen bedrohenden Schritt auf mich zu. „Hör mal, Bohnenstange, Andy ist einer von uns und das soll auch so bleiben!", stieß sie aus.

Aber ich verstand immer noch nicht, was sie damit meinte. „Und was heißt das jetzt?"

„Das heißt, dass du dich gefälligst von ihm fern halten sollst, wenn du keinen Ärger willst!" Ich wagte es nicht mehr ihr zu widersprechen, also drängte ich mich an ihr vorbei und huschte ins Zelt. Schnell verkroch ich mich unter meiner Bettdecke und versteckte mein Gesicht in ihr. Andy war zu mir gekommen und nicht ich zu ihm! Außerdem, was geht sie das eigentlich an, wann ich mit wem rede und wieso?

Ich war komischerweise schnell eingeschlafen, nachdem auch Vitary Ruhe gegeben hatte. Zum ersten Mal wachte ich nicht vor dem Klingeln meines Weckers auf, den ich mir bisher zwar immer gestellt hatte, aber nie wirklich gebraucht hatte. Trotzdem war es noch relativ früh, doch ich sollte mich beeilen, wenn ich noch eine freie Dusche bekommen wollte. Auch wenn ich nur mit Mühe aus dem Bett kam, machte ich daher schnell. Und auch wenn ich mich noch so anstrengte keinen Lärm zu machen, dass die anderen und vor Allem Vitary nicht wach wurden, fiel mir das heute besonders schwer! Ich stieß gegen die Kommode, ein kugelrunder Griff löste sich von der Schraube an der Schublade und der Wecker viel zu Boden. Zum Glück hatte Vitary einen besonders festen Schlaf. Als ich mit meinem Zeug dann endlich mehr oder weniger unauffällig aus dem Zelt gekommen war, rannte ich schnell über den Strand. Um diese Zeit war es sichtlich wahrscheinlicher, dass mir jemand über den Weg laufen würde, als die restlichen Tage, wo ich noch der Frühaufsteher war. Ich kann es gar nicht haben, wenn die Leute mich am Morgen sehen!

Die Duschen waren bis auf die eine, in der die Putzfrau vor sich hin pfiff, alle leer und auch sonst war noch niemand wach. Schlafmützen, dachte ich kichernd in mich hinein und besetzte die erste Dusche.

Heute brauchte ich unheimlich lange, weil ich ständig in Gedanken war. Sollte ich Andy nicht doch noch einmal ansprechen? Wenn er es mir erklären würde, könnte ich viel besser verstehen! Eigentlich hatte ich gedacht, dass er mich zwar mag, aber zu schüchtern ist, mich anzusprechen. Das schien mir die logischste Erklärung für sein Verhalten gewesen zu sein, aber seit gestern ist mir wieder klar geworden, dass ich nichts über ihn weiß!

Als ich endlich fertig war und vor den Duschkabinen einige Mädels schon ungeduldig warteten, hörte ich Vitarys aufgeregte Stimme über den Strand schallen. Sie stand mit ihrer Clique in der Nähe der großen Hütte und schien sauer auf Andy einzureden, der nur ungeduldig auf seiner Lippe herumkaute und den Boden anstarrte. „Was hast du dir dabei gedacht? Das hier betrifft uns alle, nicht nur dich!", verstand ich aus Vitarys schnell gesprochenen Sätzen.

Andy schaute auf. „Was betrifft das eigentlich mich? Ich habe doch nichts damit zu tun, null! Ihr hättet es mir nicht erzählen sollen, dass ist jetzt euer Problem, ich kann machen, was ich will!", mit diesen Worten ging Andy voraus und ließ den Rest der Clique zurück, die ihm noch hinterher rief, doch er reagierte nicht.

Jetzt tummelten sich mehr Fragen in meinem Kopf: Was betrifft denn die ganze Clique und was hätten sie Andy nicht erzählen sollen?

Erst als Andy die drei knorrigen Holztreppen zur Hütte hoch kam, sah er mich. Doch er schien nicht gelaunt zu sein, mit mir zu reden. Doch ich war einfach zu neugierig: „Andy...gestern ist Vitary noch zu mir gekommen. Sie war ganz aufgebracht! Nur weil ich mit dir geredet habe?" Andy schien verzweifelt nach einer Antwort zu suchen: „Ja...sie...wir...wir sind eine Clique und...ach, das verstehst du nicht!"

„Ja, weil du mir auch nichts sagst!"

„Wir gehören alle zusammen. Das kann man schlecht erklären, aber es wichtig und es ist gut so! Wir können uns jetzt nicht einfach alle so entfremden!"

„Das verlangt doch auch niemand. Aber was ist bitte schlimm daran, wenn man mal mit jemand anderes redet? Das hat nichts mit entfremden zu tun!"

„Doch hat es, aber wie gesagt, dass verstehst du nicht!"

„Dann erkläre es mir doch!"

Andy schaute etwas ängstlich zu der Clique, die ihn finster ansah, dann wandte er sich zurück an mich: „Das kann man nicht erklären!"

Dann beeilte er sich, schnell von mir weg und in die Küche zu kommen. Jetzt erst folgte ihm seine Clique und Vitary sagte im Vorbeigehen zu mir: „Er will nichts von dir, kapier es doch!"

Die anderen ließen wenigstens keinen dummen Kommentar ab und gingen an mir vorbei. Ich wartete, bis sie drin waren, erst dann ging ich ihnen nach. Drinnen saßen schon viele. Alle Jungs waren da, aber außer Vitary und mir kein einziges Mädchen, also niemand, mit dem ich mich unterhalten konnte. Also ging ich wieder raus, um zu gucken, wo Rica war.

Ich fand sie auf der Mädchentoilette, wo sie mit den anderen Mädchen in eine, Kreis stand, die wild durcheinander schnatterten. „Rica?", rief ich nach ihr.

„Hey, wo warst du denn schon wieder so früh?"

„Na ja, duschen und so. Sollen wir nicht frühstücken gehen?

Da fing es plötzlich an zu regnen. Aber es waren keine leichten Tropfen die wie aus dem Nichts vom Himmel vielen. Es waren schwere, große Tropfen, die trommelnd auf das Dach schlugen. Man könnte meinen, es würde Hageln. Sie plätscherten so laut wie ein Wasserfall auf den Boden und setzten alles in Sekunden in eine kühle Frühlingsnässe. Die Palmen peitschten im Wind umeinander und ließen sich von dem Regen begießen.

...

Epilog

Leise öffnete sich unten meine Zimmertür und Mamas bekanntes, leises Stimmchen weckte mich. Müde schlug ich die Augen auf. Ich war völlig aus dem Rhythmus. Die ganzen Sommerferien hatte ich ausgeschlafen und war erst mitten in der Nacht ins Bett gegangen. Doch nun hieß es wieder Schule und damit frühes Aufstehen. Das ist wohl das Schlimmste an der ganzen Schule, der Anfang.

Ich kroch nur mit Mühe aus meinem Bett, das auf einer hölzernen Hochebene lag. Meine Papa und ich haben sie über die Sommerferien für mich gebaut und ganz traute ich ihrer Stabilität noch nicht. Ich ging die quietschende Leiter, die ein paar weiße Farbflecken hatte, herunter und setzte mich erst einmal für zehn Minuten auf den Boden, um wach zu werden.

Meistens beobachtete ich dabei meinen offenen Kleiderschrank, ob mir nicht etwas in den Blick fallen würde, was ich anziehen konnte. In dieser Frage war ich eine Niete, ich brauchte stundenlang und kam deshalb viel zu spät zum Frühstück. So war das auch an diesem Tag. Vivi, meine große Schwester, die immer alles besser wissen wollte als ich, machte schon Druck. Eilig steckte ich etwas zu Schreiben in meinen Schulranzen. An dem ersten Tag hatten wir weder Hefte, Bücher noch Ordner.

Ich liebte es, wenn der Schulranzen so leicht war, aber gleichzeitig war es ungewohnt, man hatte immer das Gefühl etwas vergessen zu haben. Es war nicht nur irgendein erster Schultag, es war der erste Schultag nach diesen aufregenden Ferien. Vivi und ich liefen zur Schule, im Sommer fuhren wir zwar mit dem Fahrrad, doch es wurde schon kälter, zu kalt fürs Fahrrad. Ich war nervös, aber gleichzeitig freute ich mich auch schon darauf. Wir liefen also zur Schule. Vivi sagte, sie würde mich zu meinem Klassenzimmer begleiten. Ich war froh drum.

Ende des Fragments von 2015

MIX

Papier | Fördert
gute Waldnutzung

FSC® C083411

Zeitfracht Medien GmbH
Ferdinand-Jühlke-Straße 7
99095 Erfurt, Deutschland
produktsicherheit@kolibri360.de